Felicia Englmann (Hrsg.)

Draußen

Felicia Englmann (Hrsg.)

Draußen

Reportagen vom Rand der Gesellschaft

REDLINE | VERLAG

Bibliografische Information der Deutschen Nationalbibliothek:
Die Deutsche Nationalbibliothek verzeichnet diese Publikation in der Deutschen Nationalbibliografie; detaillierte bibliografische Daten sind im Internet über **http://d-nb.de** abrufbar.

Für Fragen und Anregungen:
englmann@redline-verlag.de

1. Auflage 2013

Nymphenburger Straße 86
D-80636 München
Tel.: 089 651285-0
Fax: 089 652096

Umschlagabbildung: iStockphoto.com
Satz: Georg Stadler, München
Druck: GGP Media GmbH, Pößneck
Printed in Germany

ISBN Print 978-3-86881-335-7
ISBN E-Book (PDF) 978-3-86414-237-6

Weitere Informationen zum Verlag finden sie unter

www.redline-verlag.de

Beachten Sie auch unsere weiteren Imprints unter
www.muenchner-verlagsgruppe.de

Inhalt

Sich nach draußen begeben

Ein Vorwort

Die Wahrheit ist schnell recherchiert. Laut Statistik der Bundesagentur für Arbeit waren im September 2012 in Deutschland 6,1263 Millionen Menschen nicht erwerbstätig – weil sie keine Arbeit finden, Kinder betreuen, krank sind oder wegen einer Behinderung nicht arbeiten können. 2,788 Millionen Menschen waren arbeitslos im engeren Sinn, weil sie erwerbsfähig sind, aber keinen Job haben. 4,5 Millionen Menschen beziehen Arbeitslosengeld II, auch »Hartz IV« genannt – weil sie seit Langem keinen Job finden, nicht arbeiten können oder weil der Lohn nicht zur Grundsicherung reicht. 7,3 Millionen Schwerbehinderte leben laut Statistischem Bundesamt in Deutschland. Nicht jeder von ihnen findet Arbeit. Nicht jeder kann arbeiten. Arbeit und damit Einkommen sind jedoch die wichtigsten Schlüssel zur Teilhabe an der Gesellschaft. Wer »draußen« ist, entscheidet die finanzielle Situation: Haste nix, biste nix. Denn Leistungsgesellschaft bedeutet heute, dass in ihr derjenige Erfolg hat, der am meisten verdient – und nicht unbedingt derjenige, der am meisten leistet oder am härtesten arbeitet. Niedriglöhne und Zeitarbeitsverträge haben zur Folge, dass mancher auch bei Vollbeschäftigung unter der Armutsgrenze lebt, manchmal unter dem Existenzminimum. Er kann »aufstocken« auf Hartz IV. Mancher verzichtet stolz und geht stattdessen ins Sozialkaufhaus oder zu einer der 900 Tafeln in Deutschland, die gespendete Lebensmittel an diejenigen verteilen, die sich nicht einmal mehr den Discounter leisten können.

Als arm gilt in Europa, wer über weniger als die Hälfte des Durchschnittseinkommens seines Landes verfügt. In Deutschland waren es beim letzten Armutsbericht der Bundesregierung 12,7 Prozent. Der aktuelle Armutsbericht entfachte im Herbst 2012 Streit im die Definition von Armut – der sich auch darauf auswirken wird, wie eng oder weit der Staat künftig die sozialen Netze stricken wird. Deutlich zeigt der seit Herbst 2012 diskutierte neue Armutsbericht: Die reichsten 10 Prozent der Deutschen verfügen über mehr als die Hälfte des gesamten Privatvermögens in Deutschland. Die Hälfte der Bevölkerung hat dagegen keinen nennenswerten Anteil an diesem Gesamtvermögen – nur 1 winziges Prozent. Diese Menschen haben nahezu kein Erspartes, kein Vermögen. Jedes fünfte Kind in Deutschland ist arm, meldet zudem der Deutsche Kinderschutzbund. Jedes siebte Kind unter 15 Jahren lebt von Hartz IV, verrät die Statistik zur Grundsicherung der Bundesagentur für Arbeit.

Dass hinter all den Zahlen Menschen und Schicksale stehen, ist schnell dahingesagt. Wie sich das Leben am Rand der Gesellschaft anfühlt, wie schnell man draußen sein kann und wie einen dann diejenigen betrachten, die drinnen sind, das steht jedoch nicht in den Zahlen. Einige mutige Journalisten haben es sich zum Ziel gesetzt, das Leben am Rande der Gesellschaft zu erkunden. Es mit ihren Reportagen hineinzuholen in die guten Stuben der Leistungsgesellschaft. Mit ihren Selbsterfahrungsberichten tragen sie ein Stück weit dazu bei, dass die Menschen draußen Gesichter bekommen, Stimmen und Stimmungen. Im Internet nachschlagen kann jedermann. Das Verdienst der Reporter im Selbstversuch ist, echte Menschen, echte Gefühle und echte Erfahrungen vorzustellen. Aus Zahlen echtes Leben zu machen. Wie es jeder eines Tages erleben kann – denn draußen ist man schneller denn je. Sogar das verraten die Statistiken der vergangenen Jahre. Der jüngste Armutsbericht. Die Tafel-Mitarbeiter, die von größer werdendem Andrang berichten.

Günter Wallraff und Michael Holzach gehören zu den Pionieren der Sozialreportage in Deutschland. Sie waren als Reporter schon »ganz unten« und »draußen«, als die Mehrheit ihrer Kollegen nur vom

Schreibtisch aus oder in Gesprächen mit Sozialarbeitern über diejenigen berichteten, die mit dem Nötigsten zurechtkommen müssen. Wallraff und Holzach waren und sind Vorbilder vieler Kollegen, die ebenfalls ausprobieren, wie sich das Leben am Rande der Gesellschaft anfühlt.

Außer den Reportern ist niemand freiwillig dort. Draußen zu sein ist ein Tabuthema, immer noch. Wer kann, verschleiert seine Situation. Niemand steht gerne am Rand. Niemand ist stolz darauf, arm oder ausgegrenzt zu sein. Umso wichtiger ist es, auch diese Menschen im Blick zu behalten und ihre Lebenssituation zu verstehen. Die sich bemühen, den Anschluss an die Gesellschaft nicht völlig zu verpassen, denn das möchte niemand. Kein Teil der Gesellschaft mehr zu sein, die als normal gilt, ist das Schlimmste für diejenigen, die keine Arbeit finden, behindert sind, mit Niedriglohnjobs eine Familie durchbringen oder aus dem Ausland kommen, um in Deutschland ihr Glück zu versuchen. Oder für diejenigen, die auch das alles hinter sich gelassen haben und auf der Straße leben, draußen auch aus den sozialen Netzwerken und Hilfsmechanismen. Denn wer draußen ist, wird für den Rest der Gesellschaft schier unsichtbar.

Ein wenig mehr Wahrnehmung für diese Menschen zu entwickeln, ein wenig mehr Verständnis für ihre Situation, ihren Alltag, ihre Version der Realität in der Leistungsgesellschaft – das sind die Aufgabe und das Ziel der Autoren dieses Bandes. Ihre Reportagen wirken, indem sie für den Leser erfahrbar machen, was unvorstellbar erscheint: ein Leben am Rande der Gesellschaft. Wer aufmerksam liest, wird in diesen kurzen Einblicken sehen, dass draußen zu sein normaler ist, als er erwartet. Gesellschaft ist schließlich nichts Abstraktes, sondern die Summe ihrer Mitglieder. Jeder einzelne Mensch ist Gesellschaft. Daher ist auch kein Mensch jemals wirklich »draußen«. Er wird nur zum Außenseiter, zur Randgruppe, zum Schwachen gemacht – von den Normen, welche die Leistungsgesellschaft sich selbst aufgestellt hat. Die Menschen »draußen« sind mitten unter uns. Wir sehen sie nur nicht. Dieser Band soll dazu beitragen, sie sichtbar zu machen. Sie aus der Statistik und dem Armutsbericht herauszuholen als Bürger, die weniger Chancen und Glück hatten als andere, aber ihre Suche nach Glück und Erfüllung, innerhalb oder außerhalb der Normgesellschaft, nicht aufgegeben haben. Denn ob reich oder arm, am Ende zählt für den Einzelnen, ob er ein zufriedener Mensch ist. Und zufrieden ist, wer Achtung und Respekt erfährt – unabhängig vom Einkommen. Zufriedenheit lässt sich nicht messen, sondern nur erleben und erfühlen. Aber es ist die eigentliche Wahrheit.

Felicia Englmann (Hrsg.)
München, im November 2012

Deutschland umsonst

Von Michael Holzach

Die Reportage von Michael Holzach ist ein Klassiker des deutschen Journalismus. Im Jahr 1982 wanderte er zu Fuß und ohne Geld von Hamburg an den Bodensee und zurück, nur begleitet von seinem Hund Feldmann. Holzach war Reporter bei der *Zeit* und schrieb über soziale Themen. Sein Buch *Deutschland umsonst. Zu Fuß und ohne Geld durch ein Wohlstandsland* (Hoffman & Campe), aus dem hier folgende Auszug stammt, erzählt davon. Als der ungewöhnliche Reisebericht 1983 verfilmt werden sollte, stürzte Feldmann in Dortmund-Dorstfeld in die Emscher. Michael Holzach sprang ihm nach und ertrank. Er wurde 36 Jahre alt. In seinem Buch nennt er die Emscher »mein Totenreich«.

Erleichtert lasse ich die Beine fliegen, der Rucksack tanzt mir auf dem Rücken, Feldmann schießt aufgekratzt durch das Bergische Land. Es geht durch enge, geduckte Täler, über kleine, gedrungene Hügel, durch Wälder und Felder. Tiefe Wolkenbänke entladen sich immer wieder mit solcher Heftigkeit, dass mir das Wasser aus dem Bart läuft. Dann hellt es wieder auf, die Wälder beginnen zu schwitzen und dampfen in dichten Nebelschwaden die Nässe aus sich heraus. Laut Bibel hat die Sintflut vierzig Tage gedauert – diesmal scheint es der liebe Gott in der halben Zeit zu schaffen, denn das Land ertrinkt. Die Kühe stehen bis zum Euter im Morast, der einmal Weide war, feuchtes Getreide läßt die Köpfe schwer hängen, schwarze Heuhaufen faulen zu Kompost, überreife Wiesen sind längst fällig für den ersten Schnitt – es muss bald Juli sein!

In den Gärten der Bauern stehen Pfützen, groß wie Seen, die grünen Erdbeeren liegen im Dreck, die Kirschen platzen unreif an den Bäumen. Ein Anblick des Jammers. Wie sehr habe ich mich aufs Erdbeer- und Kirschenklauen gefreut. Allein die Johannisbeeren schaffen es, weiß der Himmel wie, auch ohne Sonne süß zu werden. Von ihnen vor allem ernähre ich mich tagelang, sie geben zwar wenig Kraft, dafür aber genügend Vitamine, um mir in diesem Wetter die Grippe vom Hals zu halten. Bei Übersetzig überquere ich die Sieg. Auf der Brücke reizt es mich sehr, einen hohen Regenbogen in den Fluß zu pinkeln. Wegen des Hochwassers lass ich es dann doch lieber bleiben, denn aus mir soll der Tropfen nicht kommen, der das Gewässer zum Überlaufen bringt. Dafür hebt Feldmann, als sei's Gedankenübertragung, hier über der Sieg zum ersten Mal in seinem Leben das Bein. Statt wie eine Hündin in die Hocke zu gehen, steht er nun auf drei wackeligen Beinen, grätscht das vierte im stumpfen Winkel weg und fünf, sechs Spritzer verfehlen die Brückenlaterne nur knapp. Ich bin stolz auf meinen Hund! Seit ich ihn aus dem Tierasyl befreit habe, hat er sich auch sonst gut entwickelt, die Brust ist trotz der schlechten Ernährung breiter geworden, das Fell dichter und mit der wachsenden Kraft hat auch das Selbstvertrauen zugenommen. Seine Ausflüge in die Wälder sind keine scheuen Erkundungsgänge mehr wie früher, als er sich alle zehn Schritte hilfesuchend nach mir umsah, selbstständig stöbert er heute durch die Gegend, den Schwanz aufrecht wie eine Standarte. Kein Gatter ist ihm zu hoch, kein Graben zu breit, ich muss manchmal energisch mein »Feldmann, Fuuuß!« brüllen, bis er sich widerwillig dazu durchringt, von einem fliehenden Hasen abzulassen, dem er jaulend und japsend auf den Fersen war.

Je weiter wir nach Süden gehen, desto einsamer wird das Land. Die Großstädte sind fern, die Dörfer ärmlich und damit in meinen Augen schön. Die Bewohner scheinen kein Geld zu haben, um ihre alten Fachwerkhäuser abzureißen oder mit Eternitplatten zu verschandeln, Supermärkte, Selbstbedienungstankstellen, selbst die fahnengeschmückten Niederlassungen der Japanautos fehlen meist und die Kreissparkasse ist nur mit einer unscheinbaren Haltestelle für den Geldbus vertreten, der einmal in der Woche hier die Runde macht. Auf dem Schwarzen Brett von Giesenhausen am Fuße des Westerwaldes ist zu lesen, dass die rheinland-pfälzische Landesbildstelle am nächsten Montag mit dem fahrbaren Röntgenschirm eine kostenlose TB-Reihenuntersuchung vornehmen will, zu der der Gemeinderat die Bevölkerung herzlich einlädt. Mobil ist auch der Textilhändler, der seine Ware auf der Hauptstraße direkt ab PKW verkauft: Socken und Kinderbekleidung liegen nach Größen sortiert auf der Motorhaube, Oberhemden auf den Rücksitzen, die Miederwaren lagern diskret im Kofferraum. Vor dem Gewerbeaufsichtsamt braucht man sich hier in der Einsamkeit des Westerwaldes nicht zu fürchten.

Einsam ist es hier wohl auch, weil der Dauerregen in diesem Jahr die Touristen vertrieben hat. Überall verweisen die »Zimmer frei«-Schilder der kleinen Pensionen und Gasthöfe auf eine schlechte Saison. So habe ich das Land ganz für mich, aber auch die Leute sind besonders aufgeschlossen, sie grüßen betont freundlich und scheuen oft nicht einmal die Mühe, eine Karte zu holen, um mir den Weg zu erklären, meinen Weg in Richtung Heppenheim. Und weichgeregnet, wie ich bin, habe ich kaum Schwierigkeiten, mein Nachtquartier zu finden. Selbst die scheuesten Bauern lassen mich in ihren Scheunen schlafen und vergessen all ihre Ängste, die ihnen Eduard Zimmermann & Co Monat für Monat am Bildschirm eingebleut haben:

»Es klingelt. Frau G. geht zur Tür, öffnet – und >kämpft gegen einen Kraken<, wie sie später aussagt. Denn überall sind seine Hände, greifen nach ihr, tun ihr weh, ekeln sie. Dabei hätte sie >diesem verwahrlosten, schmutzigen Typ< bestimmt nicht aufgemacht, hätte sie ihn nur vorher gesehen. Ja – hätte sie. Dabei ist es so einfach, dafür zu sorgen, dass man vorher sieht, wer zu einem will. Ein moderner Weitwinkeltürspion kostet nur einige Mark und er ist auch im Nu eingesetzt. Mieter sollten allerdings ihren Vermieter vorher fragen; da ihm das Wohl seiner Mieter am Herzen liegt, wird er die Genehmigung kaum verweigern.

Wenn schon der Sichtkontakt zum Besucher nicht möglich ist, sollte zumindest ein Hörkontakt hergestellt werden, über die Gegensprechanlage oder – notfalls – durch die Tür. In jedem Fall sollte man Fremden die Tür immer nur mit vorgelegter Sperrkette öffnen, denn schließlich gibt es ja auch den Wolf im Schafspelz, rät die Kriminalpolizei.«

Mir dagegen trauen die Leute hier auf den ersten Blick. Ich werde ja wohl die Scheune nicht anstecken, das Haus nicht ausräubern, die Frau in Ruhe lassen, es passiert ja so viel im »Fennseh«, da sieht man es ja mit eigenen Augen. Nein, sag' ich, ich werde nicht, bin viel zu müde, und was soll schon brennen, es ist ja doch alles nass. Auf einem einsam gelegenen Gehöft hinter Niederirsen bekomme ich sogar Bratkartoffeln mit Spiegelei und Feldmann Küchenabfälle die Menge, in Thal bei Roth bringt mir die Bäuerin vom Hahnenhof für die Nacht trockene Unterwäsche und Socken ihres Mannes in die Scheune, bis sich meine Sachen am Küchenherd ausgetropft haben.

Professionelle Gastfreundschaft wird mir im Kloster Marienstatt geboten, das im Nistertal mitten in der Abgeschiedenheit des hohen Westerwaldes seine monumentale Pracht entfaltet. Gerade erst bin ich so ehrfurchtsvoll, wie das der frontale Gebirgsregen nur eben zuließ, übers alte Kopfsteinpflaster zwischen verwitterten Grabplatten auf das herrschaftliche Mönchsschloss zugestiefelt, habe mit meinem ganzen Gewicht die schwere Eichentür aufgestoßen und stehe nun, vor Nässe triefend, vor marmornen Engeln und Heiligenfiguren umstellt, in der grandiosen Empfangshalle des Klosters, da entriegelt der Bruder Pförtner auch schon eine Sprechluke und fragt: »Darf ich Ihnen eine kleine Speise bringen lassen, Sie sehen so aus, als könnten Sie's gebrauchen?« Überrascht, wie sehr man sich in dieser weltabgewandten Frömmigkeit offensichtlich noch den Blick für die Realitäten erhalten hat, setze ich mich auf einen kunstvoll geschnitzten Stuhl vor einem runden Tisch und lasse mich bedienen. Ein junger Mönch in weißen, wallenden Gewändern liest mir alle Wünsche von den Augen ab: Die Tomatensuppe ist so gut, wie es eine gewöhnliche Tomatensuppe eigentlich gar nicht sein kann, der Kochfisch zergeht auf der Zunge, die Götterspeise ist himmlisch. An den Hund unterm Tisch denkt mein frommer Kellner, beim heiligen Franziskus, ganz von selbst und bringt so viele Knochen und Kartoffelreste, dass Feldmann fast vor dem Futterberg kapituliert hätte.

Aber mit dem göttliche Mal ist der Service des Mönchs, der sich mit »Frater Ambrosius« vorstellt, noch lange nicht erschöpft. »Kommt ein Wanderer des Wegs, so beherberge ihn wie den Heiland selbst«, zitiert er eine Ordensregel der Zisterzienser und fragt rhetorisch, ob ich nicht ein wenig bleiben wolle, das richtige Wanderwetter sei das ja nun wirklich nicht, außerdem stehe der heilige Sonntag vor der Tür. Etwas Ruhe und innere Einkehr, bis die Sachen wieder trocken sind, können nicht schaden. Fast dankbar greift der Geistliche zum Telefon und regelt meine Unterbringung.

Die Kammer, in die mich Ambrosius führt, ist karg möbliert, das Bett unterm großen Holzkreuz kaum gefedert und das Waschbecken wenig größer als die Weihwasserschale neben der Tür. Ein bisschen spartanisch für den Heiland, denke ich. Auf körperliche Behaglichkeit wird wenig Wert gelegt, dafür ist für das Seelenwohl gesorgt: Am Schrank, dort, wo in Hotels gewöhnlich die Preisliste hängt, befindet sich eine Liste mit den »Offizien«, den sechs Gebetszeiten: »5.15 Uhr Laudes, 6.15 Uhr Terz, 12.55 Uhr Sext, 15.30 Uhr Vesper, 17.30 Uhr Matutin, 20.00 Uhr Komplet.«

Kaum habe ich meine nassen Kleider mit der klammen Wechselgarderobe getauscht, meine Haare trockengerieben und im Spiegel einen von asketischer Selbstkasteiung ausgemergelten Jesuiten betrachtet, da ruft mich die Kirchenglocke auch schon zur Komplet. Neugierig folge ich dem hellen Läuten, eile durch den Klosterfriedhof – und entschwebe in eine andere Welt. Erhabene Orgeltöne heben mich schon im Eingang auf die Zehenspitzen und eine Gänsehaut der Ergriffenheit überzieht meinen Rücken. Das fast menschenleere Kirchenschiff liegt im Halbdunkel der Dämmerung, die, von buntem Fensterglas gebrochen, den Raum in ein diffuses, warmes Licht taucht. Der Altar aber ist hell erleuchtet. Vor ihm sitzen sich die Mönche auf doppelreihigem Chorgestühl wie in einem mittelalterlichen Konzil gegenüber und singen ihre schönen Psalmen im sonoren Wechselgesang: »Laudate nomen Domini«, klingt es von der einen Seite, »Laudate servi Dominum«, antwortet sanft die andere. Die Harmonie ist nahezu beängstigend, es gibt nichts, woran sich die Sinne stoßen könnten, nicht einmal der Weihrauch zwickt mir in der Nase, wie sonst in katholischen Kirchen. Licht, Farben, Töne, alles steht vollkommen miteinander in Einklang und fügt sich in die klaren Linien der Kathedrale. Hingegeben sitze ich in einer der vorderen Bänke und genieße das sakrale Schauspiel, denn ist der Bauch gefüllt und das Bett gemacht, erwachen mir wieder die Sinne für das Höhere. »Laudate nomen Domini ...«

Am Ende des Psalms beugen sich alle Brüder nach vorne und blättern raschelnd in ihren dicken Gesangbüchern, was sich anhört, als schreckte ein Schwarm Fledermäuse hoch. Die Geistlichen folgen dabei dem Beispiel eines Mannes mit kurz geschorenem Silberhaar, der vorn rechts in einer besonders schön geschnitzten Sonderloge sitzt, vermutlich der Abt des Klosters. Ambrosius erkenne ich ziemlich weit hinten, er wirkt älter in dieser würdigen Umgebung, er hat etwas Unnahbares, fast Reines – kaum zu glauben, von ihm gerade mit Fisch bewirtet worden zu sein.

Am nächsten Morgen nach der Terz treffe ich im blendend weiß gekalkten Kreuzgang Ambrosius und erzähle ihm, dass ich ihn gestern abend fast beneidet hätte, wie er dort vor dem Altar im Schoße seiner Gemeinschaft von Glaubensgenossen saß. Der da weiß, wo er hingehört, hatte ich gedacht, der weiß, wo es langgeht im Leben auf Erden und im Leben danach, sein Weg ist ihm so eindeutig vorgegeben wie der alltägliche Gebetsstundenplan, alles hat seine feste Ordnung, Zweifel sind ausgeschlossen, auf jede Frage gibt es eine klare Antwort – herrlich!

»Viele, die uns hier besuchen, empfinden so wie du«, sagt der junge Mönch, »die Leute glauben, sie hätten alles, aber bei uns merken sie, was ihnen draußen fehlt.« Dem Novizen, der im nächsten Jahr sein Gelübde auf »Armut, Keuschheit und Gehorsam« ablegen will, ist es nicht anders ergangen. »Ich war ein ganz normaler Junge, habe Fußball gespielt, bin in Discos gegangen, und onaniert habe ich auch.« Aber irgendwann hat ihn der »Zwang zur totalen Befriedigung aller Wünsche« immer unzufriedener gemacht. »Ich wollte raus aus dieser endlosen Glücksspirale«, sagt er und lächelt ein wenig zu milde für seine einundzwanzig Jahre. Auf der Suche nach einem Ausweg hat er während der Pubertät mit den Terroristen sympathisiert, deren Bereitschaft zur hemmungslosen Gewalt ihm dann doch unheimlich wurde, anschließend überrollte ihn die Poona-Welle, schließlich überzeugte ihn »der wahre Aussteiger Jesus Christus«. Also auch ein Flüchtling, der die Realität nicht akzeptieren kann, denke ich, und noch dazu einer, der mir auf so zweifelhafte Weise sympathisch ist wie gestern Abend mein Spiegelbild. Arm und keusch laufe ich ja auch schon eine ganze Weile unter meiner Regenkutte herum, entsage trotzig meiner Welt, und wenn Ambrosius das Kreuz des Herrn willig auf sich geladen hat, so schleppe ich halt das Joch meines Rucksacks.

Kaum sind wir im Kreuzgang einmal im Quadrat gegangen, da läutet die Kirchenglocke die nächste sonntägliche Gebetsstunde ein. Aus allen Richtungen eilen die Mönche herbei, formieren sich zum doppelreihigen Gänsemarsch und verschwinden, der Abt vornweg und

Ambrosius als Schlusslicht hinterher, durch eine schmiedeeiserne Tür in Richtung des Gotteshauses.

Im Empfang erlaubt mir der Pförtner ein kurzes Telefongespräch. Der Stimme nach ist Freda noch im Bett. Im Hintergrund höre ich klassische Musik. »Wie geht's?« fragt sie knapp und scheint gar nicht so freudig überrascht von meinem Anruf, wie ich das erwartet habe. »Es geht«, antworte ich, »bin jetzt im Westerwald.« »Sagt mir wenig – ist das am Rhein?« »Nicht direkt«, sage ich und habe Mühe zu erklären, wo ich hier eigentlich bin, »mitten im Wald, so zwischen Köln und Frankfurt – wo wollen wir uns treffen?« Freda erzählt mir, dass sie demnächst mit der Bahn nach Italien fahren will, da könnte sie doch die Reise für ein paar Tage unterbrechen. »Genaueres schreib ich dir noch postlagernd nach Frankfurt.«

Ohne den Feiertag zu heiligen, mache ich mich gleich auf die Socken nach Frankfurt. Sonntage sind für mich ohnehin Feiertage, an denen es nichts zu feiern gibt, denn die Geschäfte sind zu und auf den Straßen quält sich der zermürbende Wochenendverkehr. Die Leute in den Dörfern und Kleinstädten, in Hachenburg, Alpenrod und Westerburg, tragen ihren sauberen Sonntagsstaat spazieren, was den Kontrast zu meinen abgerissenen Klamotten noch stärker werden lässt als sonst.

Der wievielte Sonntag mag das nun sein, seit ich Hamburg verließ? Der siebte, der achte oder gar der neunte? Je weiter ich zurückrechne, desto mehr verschwimmen die Wochen. Dem Gefühl nach bin ich schon Jahre unterwegs, hinter mir liegt eine Ewigkeit. Habe ich je etwas anderes gemacht in meinem Leben als laufen, laufen, laufen, ist der Rucksack nicht längst ein Teil meines Körpers geworden, sind die speckig gegriffenen Riemen nicht längst auf den Schultern festgewachsen? Die Suche nach etwas Essbarem, der prüfende Blick in die Obstgärten, die Bäckereien, die Abfallcontainer hinter den Wochenendmärkten, das gespielt schüchterne Fragen nach einem Platz im Heu, in der leeren Garage oder meinetwegen auch im Bett, dies alles ist mir längst zur blinden Gewohnheit geworden, zum Vagabundenalltag, wie Regen, nasse Füße und talgiger Zahnbelag. Mein Weg ist inzwischen mit Routine gepflastert, weg ist das Kribbeln der täglichen Ungewissheit, die gespannte Erwartung des Abenteuers, das hinter jeder Kreuzung lauern könnte, weg ist auch das Glücksgefühl beim Anblick eines Tellers mit Dickmilch und die Verzweiflung, wenn ich irgendwo zurückgewiesen werde. Meine monatelange Wegerfahrung hat mich abgebrüht und ausgekocht; nichts kann mich mehr so recht erschüttern, weder die Haushälterin des Pfarrers in Weilmünster, die, statt mir etwas zu essen zu bringen, die Polizei alarmiert, noch die gute Oma Keller aus Obernhain im Taunus, von der ich ungefragt »Grießklößsche mit Ädbeern« nach einer kräftigen »Gemüsesupp« bekomme – es ist, als sei meine Empfindungsfähigkeit betäubt, gute und schlechte Erfahrungen nehme ich fast gleichgültig hin, das Besondere gibt es nicht mehr, nichts kann mich mehr so recht aus dem Tritt bringen, stumpfsinnig trotte ich voran.

Was habe ich mich noch vor zwei Wochen über die Parfumschwaden der Königsallee in Düsseldorf ereifert und wie vergleichsweise gelassen ertrage ich nun die duftigen Rosenhecken der Heinrich-von-Kleist-Straße in Bad Homburg. Es ist eine stinkreiche Gegend, wo sich die herrschaftlichen Villen hinter haushohem Gebüsch verstecken, als hätten sie ein schlechtes Gewissen. Wer hier etwas haben will, muss sich erst einmal tief hinabbeugen, denn anders erreicht man die in Kniehöhe angebrachten Klingelknöpfe an den Eingangstoren nicht. Namen stehen nirgends, dafür geheimnisvolle Initialen. D. SCH. steht bei meinem ersten Kunden. »Hallo, wer ist da«, kommandiert es aus dem Sprechautomaten. »Hallo, ich bin auf der Wanderschaft und wollte fragen, ob ich Ihnen vielleicht für ein Stück Brot zur Hand gehen kann.« »Es ist genug Personal im Haus«, antwortet die weibliche Stimme und legt auf.

Beim Nachbarn, einem gewissen Dr. V, liegt die Klingel etwas höher, aber direkt daneben starrt mich ein Fernsehauge an. Automatisch fahre ich mir durchs wilde Haar. Kurz nachdem ich gedrückt habe, leuchtet ein kleines rotes Lämpchen auf. Achtung Aufnahme. Ich mache mein freundlichstes Gesicht und lege los: »Guten Tag, ich bin auf der Wanderschaft und ...«, das Licht verlöscht, Ende der Sendung. Auch von N. B., C. Z. und A. B. ist nichts zu holen. Unbeeindruckt wechsle ich die Straße und versuche im Philosophenweg mein Glück. Dort hat Dr. Baumstark keine Hemmungen, seinen Namen in großen Lettern an seine Privatklinik zu schreiben. Aber die Küchenchefin fertigt mich eiskalt vor dem Hintereingang ab: »Wenn Sie was zu essen haben wollen, dann gehen Sie doch in den Laden und holen sich was.« Danke für den Tipp.

Unten in der Innenstadt gibt es genug Läden. Wo hole ich mir nun was? Beim Metzger ist zu wenig Kundschaft und zu viel Bedienung, da würde ich sofort auffallen. Im Supermarkt ist zwar viel Betrieb, aber dort habe ich Angst vor den Hausdedektiven und Videospionen. Bleibt nur Kaiser's Kaffeegeschäft, auf Schokolade hab ich ohnedies am meisten Appetit, fast mehr noch als auf gebratene Lammkeule mit Rosmarin, Thymian und viel Knoblauch, mein Lieblingsessen.

Die Süßigkeitenabteilung lächelt mich an. Ein Paket Filterpapier und drei Dosen Kaffeesahne liegen schon in meinem Einkaufskorb, zur Tarnung. Wer Filterpapier und Kaffeesahne kaufen will, der hat auch ein Zuhause, denke ich, da fallen die dreckigen Hosen nicht so sehr auf. Zum Glück ist genügend Betrieb im Laden, die beiden Verkäuferinnen beachten mich nicht. Ich kann also ungestört, wenn auch mit erhöhtem Puls, das Angebot studieren. Um die Preise schere ich mich einen Dreck. Krokant, Mokka, Vollmilch mit Pistazien, mit Mandeln, mit Haselnüssen, alles ist da und in Mengen, die mich bis München ernähren könnten. Beherzt greife ich zu, die Augen konzentrieren sich auf die Reaktion der Bedienung. Während ich mit der linken Hand eine Tafel in den Korb lege, gleitet die rechte sanft unter meine Lederjacke und klemmt die Ware unter der Achsel fest. Keiner hat's gesehen. Scheinbar gelassen gehe ich zur Kasse. Noch während das Fräulein die Preise addiert, bekomme ich einen demonstrativen Schreck. »Wo ist mein Portemonnaie?« frage ich und greife in die leere Innentasche meiner Jacke, »ich muss es zu Hause vergessen haben.« Artig bitte ich die Verkäuferin, meine Sachen einen Moment beiseitezulegen, ich käme gleich zurück.

Kaum bin ich um die Ecke, schlägt die innere Spannung aus Angst und Beklemmung auf einmal um und das herrliche Glücksgefühl aus Kindertagen, als ich bei Kösel in Holzminden zum ersten Mal Luftballons klaute, strömt mir durch die Adern. Mit vier Tafeln »Mocca-Sahne« nehme ich Frankfurt im Sturm. Genau achtzehn Kilometer trennen mich noch von der Frankfurter Hauptpost, wo hoffentlich Fredas Brief auf mich wartet. Je weiter ich mich von Freda entferne, desto näher kommt sie mir, desto wohler fühle ich mich mit ihr, und die Vorfreude auf ein Wiedersehen lässt mich wie auf Watte gehen. Es gibt keine Ängste, keine Bedrängnis, keine bohrenden Fragen nach der Zukunft, es gibt nur die reinste Wolkenkuckuckserwartung, die mir selbst Frankfurts Vororte nicht vermiesen können.

Die ersten Wohnklötze von Bonames stehen erbarmungslos in der abfallenden Mainebene. Halbwüchsige drücken sich an Bushaltestellen herum, die Freundin im Arm, die Kippe im Mundwinkel, und es gärt die ausweglose Langeweile des Feierabends. Die Mopeds stehen startklar auf dem Bürgersteig, noch heute Nacht könnten sie über alle Berge sein, aber niemand scheint zu wissen, wohin es gehen soll, also stehen sie da und warten, bis endlich etwas passiert, egal was. Auf den Fenstersimsen einer amerikanischen Kaserne grünt Marihuana. »Nodopenohope«, heißt der flüchtig hingesprühte Slogan an der Mauer. Jetzt würde ich gern mit einem »Walkman« AFN hören und dabei zusehen, wie die Wolkenkratzer beim Hineingehen in die Stadt in den Himmel wachsen. Wenn schon Frankfurt, dann original! Aber auch ohne Ton ist das Näherkommen der City aufregend. Zum ersten mal sah ich die Mainmetropole an diesem Morgen aus geschätzten dreißig Kilometern Entfernung von der Taunuskuppel nahe der Saalburg. Ein Dutzend Stecknadeln ragten aus dem Dunst wie ein kleines Fakirbrett. Nun sind aus den Nadeln dicke Sargnägel geworden und schon bald laufe ich auf eine zerklüftete Steilwandlandschaft zu, aus schwarzem Quarz, silbernem Eis und grauem Granit. »Imagine all the people ...« singt John Lennon aus meinem Kopfhörer, und der »Reminder« mahnt: »Don't forget our 52 fellow countrymen in Teheran«. – Ob die US-Geiseln wohl immer noch in persischen Händen sind? Was ist aus dem Olympiaboykott geworden? Gibt's die Freie Republik Wendland noch? Und wie steht es eigentlich mit der Bundestagswahl?

Auf der Zeil, vor der verschlossenen Hauptpost. Es ist zehn nach sechs, ich bin zu spät. Wohin jetzt, wo die Nacht verbringen, wie etwas zu essen besorgen mitten in Frankfurt am Main? Um in irgendwelchen Büschen zu schlafen, ist es zu feucht, die Übernachtungsherberge für Nichtsesshafte am Bahnhof ist, wie ich von Gustav weiß, zu gefährlich, »da klaun sie dir nachts die Schnürsenkel weg«. Also bleibt nur die Szene. Zwei Mädchen in langen Afghanenkleidern sehen mir nach Wohngemeinschaft aus und ich frage sie, ob sie wissen, wo ich heute nacht schlafen kann. »Bei uns in der WeGe ist alles voll«, sagt die eine, »aber ruf mal diese Telefonnummer an und frag nach Klaus oder Axel und sag, du hättest die Nummer von Doris.« Zwanzig Pfennige bekomme ich auch gleich dazu. Ein Peter meldet sich am Telefon. Klaus und Axel sind in der »Batschkapp«. »Wo?« frage ich. »In der >Batschkapp<«, buchstabiert Peter und beschreibt mir den Weg in die alternative Kneipe.

Mit der Straßenbahn fahre ich hin. In einem Dämmerschuppen knallt so harte Musik, dass Feldmann lieber vor der Tür auf mich wartet. Junge Leute mit Stirnbändern, abgewetzten Lederjacken und Latzhosen drängeln sich. Die Luft ist zum Schneiden. Die Haschkekse, Stück für fünf Mark, gehen weg wie warme Semmeln. Wo sind Axel und Klaus? Das Mädchen mit den blonden Zöpfen hinter dem Ausschank hat sie heute noch nicht gesehen, kein Wunder bei dem Qualm, aber wenn sie auftauchen, will sie mir Bescheid sagen. Ich warte draußen auf den Steinstufen, dort komme ich wieder zu Atem. Teilnahmslos lasse ich die Menschen an mir vorbeigehen. Irgendwann werden sie schon antanzen, tröste ich mich. Die Stunden vergehen. Immer wieder sacke ich kurz weg und stehe auf überfluteten Brücken, vor brennenden Scheunen und in niederbrechenden Wäldern und überall erscheint Freda wie ein guter Engel und geht unberührt vom Schrecken des Geschehens durch meine Traumbilder, schaut immer nur zu mir herüber und lächelt.

»Bist du der Freund von Axel?«, weckt mich ein junger Mann mit vielen Locken, und ich nicke verwirrt. »Dann komm mit, ich bin der Burkhard, bei uns kannste pennen.« Also gehe ich mit, steige in einen alten Volvo und lasse mich in die Innenstadt zu einem der stattlichen alten Mietshäuser fahren, die Krieg und Spekulanten überstanden haben. Im Flur blättert die Farbe von den Wänden, aber die Wohnung im dritten Stock ist überraschend gut gepflegt. Weiße Raufasertapeten, abgeschliffener Holzfußboden, in der Küche jedoch ein Chaos. Burkhard zeigt mir mein Zimmer, dessen Besitzer, Michael, gerade auf Kreta Ferien macht. Das Bad ist gleich nebenan, das Klo eine Tür weiter, Burkhard verliert nicht viele Worte, wofür ich ihm dankbar bin. »im Eisschrank kannste dich bedienen«, sagt er noch und lässt mich allein.

Ich habe keine Mühe, mich sofort wie zu Hause zu fühlen. Die Schaumstoffmatratze im Eck, davor die Stereoanlage, daneben der Fernseher, auf dem Schreibtisch ungeöffnete Strafmandate, an den Wänden gerahmte Poster der italienischen Gewerkschaften, die mit geballter Faust zur Teilnahme am »1. Maggio 1903« aufrufen – so ähnlich war meine Studentenbude in Bochum, und so ähnlich sehen auch die meisten Hamburger Wohngemeinschaften aus, die ich kenne; sie gleichen sich wie ein »Interconti« dem anderen. Selbst im

Bücherregal kenne ich mich aus: Marx, Mitscherlich, Mead und Adorno stehen wie einst bei mir fast unberührt einträchtig beieinander. Die Pornos dagegen sind arg zerlesen und nicht gut genug versteckt im unteren Drittel des *Frankfurter Rundschau*-Stapels. Ein kurzer Rundblick genügt, und ich kann mir anhand der Zimmereinrichtung ein recht gutes Bild von dem Typ machen, der hier wohnt: Er muss so Ende zwanzig sein, studiert inzwischen lustlos irgendeine Sozialwissenschaft, seine Jugendträume haben längst zu welken begonnen, auf den Demos läuft er ohne innere Anteilnahme nur noch mit, Examensängste plagen ihn mehr als Mittelstreckenraketen und der Freiheitskampf in El Salvador, seit Jahren war er mal wieder beim Friseur und kam sich vor wie auf dem elektrischen Stuhl, die Freundin trägt sich zu allem Übel auch noch mit Heiratsabsichten, weil sie auf die Dreißig zugeht und nicht zu spät ein Kind haben will, nun kann er nicht mehr mit ihr schlafen, und das Fingernägelkauen hat er auch wieder angefangen. Kurz, er ist ein Mensch aus meiner Welt, bei dem ich traumlos gut schlafen werde.

Am nächsten Morgen, Punkt acht, bin ich wieder an der Hauptpost, aber es wartet dort kein Brief auf mich. »Fehlanzeige«, sagt der Postler, nachdem er noch einmal auf mein Bitten das Fach mit dem Buchstaben »H« durchgesehen hat.

Drei Tage muss ich warten, bis der Brief da ist. Der Text ist von telegrammhafter Kürze: »Lieber Michael, komme am 12.7. um 12.50 Uhr in Darmstadt an. Hoffe, dich dort zu sehen. Freda.« Am Zwölften, also in zwei Tagen. Im nächsten Buchladen sehe ich mir auf einer Karte an, wo dieses Darmstadt eigentlich ist. Keine vierzig Kilometer liegt es von hier, immer geradeaus durch Sachsenhausen, Neu-Isenburg, Langen, Egelsbach, das ist bis übermorgen leicht zu schaffen.

Trotzdem jage ich zurück in meine Wohngemeinschaft, als ginge es um Minuten. Meine Sachen habe ich schnell zusammengepackt, der

Abschied von Burkhard ist kurz und kühl. Die Erleichterung, dass ich nun endlich wieder abhaue, ist uns beiden anzusehen. Statt einer Nacht bin ich vier Tage geblieben, ein bisschen lang für zwei Leute, die sich nicht viel zu sagen haben. Wir sind uns meistens aus dem Weg gegangen, jeder saß in seinem Zimmer, er arbeitete an seiner »Diss», ich schrieb mein Tagebuch oder sah fern, und dass ich immer mal wieder kräftig im Eisschrank zugelangt habe, schien ihn nicht weiter aufzuregen – schließlich brachte ich dafür die versiffte Küche auf Hochglanz.

Schmarotzen wollte ich in diesen vier Frankfurt-Tagen auch noch woanders, und zwar im Bahnhofsviertel. Weser-, Elbe-, Moselstraße, das Herz der Stadt, ich kenne es gut; es gab keine Reise nach Frankfurt, ohne dass ich nicht dort gewesen wäre. Prostituierte sind ja auch eine diskriminierte Minderheit, eine Randgruppe, ein richtiger Reporter kennt keinen Feierabend, der ist auch zwischen den Schenkeln einer Hure im Dienst. Ohne Geld allerdings war ich noch nie im »Palais d'Amour« oder im »Sex-Inn«, wo braucht man es nötiger als eben dort, ohne Geld ist man machtlos im Puff, ohne die Grundtaxe von 50 Mark gibt es nicht mal ein Lächeln.

Ganz dicht hinter einer Gruppe von Geschäftsleuten stahl ich mich diesmal in den Kontakthof und verdrückte mich gleich in eine Ecke, von wo ich die Mädchen aus sicherer Distanz beobachten konnte. Auf die Huren selbst kam es mir gar nicht so sehr an, es genügte die Atmosphäre hier, die mit einem Schlag eine altvertraute Aufgereiztheit in mir wachrief, die mich den Herzschlag ganz oben im Hals spüren und meine Handflächen feucht werden ließ; es war der süßliche Geruch, die schwülstige Musik, das schwarzlila UV-Mischlicht, das die spärlich bekleideten Prostituierten zu negroiden Wachsfiguren verfremdete, mit dunkler, glänzender Haut und Augen wie aus weißem Glas. Beängstigend unnahbar erschienen mir diese Lustobjekte, ehrfurchtsgebietend und erbärmlich zugleich, fast war ich froh, dass sie diesmal unerschwinglich für mich waren. Auch ohne

Geld kam ich hier auf meine Kosten – das »Hochgehen«, das »Zahlen«, die »Nummer«, das fade Gefühl »danach«, das alles würde mir heute erspart bleiben.

»Sssst, Kleiner, komm mal her«, zischte es aus dem Schummerlicht, und ich fuhr zusammen wie ein Schuljunge. Eine große Frau bewegte sich auf mich zu. »Was stehst da herum? Kommst mit?« Nun hatte man mich gestellt, nun konnte ich mich nicht mehr verstecken und verstellen, nun half kein noch so bezwingender Charme, kein mitleiderregendes »Guten Abend, ich bin auf der Wanderschaft ...«, nun musste ich mich zu erkennen geben. Verunsichert wie noch nie auf dieser Reise, fragte ich: »Was kostet's denn?« »Fünfzig.« »Mit allem?« Ironisches Grinsen. »Beide nackt siebzig, und mit Verwöhnen hundert.« Ich schwieg. Sie blickte mich an, ich blickte irgendwie an ihr vorbei. »Na, wie isses?« fragte sie ungeduldig und legte eine Hand auf ihre ausladende Hüfte. »Ich muss mich erst mal n bisschen umschauen«, antwortete ich. Endlich ließ sie von mir ab. Ich floh zum Ausgang.

Pünktlich um 12.50 Uhr rollt der Schwarzwaldexpress aus Hamburg in den Darmstädter Hauptbahnhof und die Sonne lacht. Ich hätte mich gern noch eine kleine Verspätung lang auf diesen Augenblick gefreut, aber nun ist es schon so weit. Kaum dass ich in der Mission einen schnellen Kaffee heruntergeschüttet habe, wird es also ernst mit dem Wiedersehen. Der Zug kommt zum Stehen. Die Türen werden geöffnet. Aus den Waggons quellen Menschen, die mir den Blick verstellen. Ich recke den Hals. Wo ist Freda? Ist sie überhaupt mit im Zug oder hat sie ihn heute morgen fahren lassen, weil sie die gleiche Wiedersehensangst spürte, die ich jetzt spüre, diesen erbärmlichen Bammel vor dem Augenblick der Wahrheit und dem Ende der lang gehegten Sehnsucht, der Träume, der Hoffnung auf Veränderung? »Darmstadt Hauptbahnhof, Darmstadt Hauptbahnhof«, meldet der Lautsprecher und spricht mir aus der Seele. Kofferkarren scheppern an uns vorbei. Feldmann läuft mir unruhig zwischen den Beinen herum. Die ersten Türen schlagen. Die Menschenflut verebbt. Der Lautsprecher bittet um Abstand von der Bahnsteigkante. Der Schaffner hebt die Kelle und pfeift. Mit dem Anrucken des Zuges höre ich meinen Namen rufen. Ich drehe den Kopf – da ist Freda!

Gemeinsam rucksacken wir in den Odenwald hinauf. Ich suche nach Worten, aber ich finde keine. Auch Freda sagt nichts. Ihre Schritte sind kürzer als meine, ihr Atem geht schneller. Wenn es hart auf hart kommt, ist sie die Stärkere, denke ich, wie vor gut einem halben Jahr in den Vogesen. Da waren wir auch mit dem Rucksack unterwegs, eine Woche lang, über Weihnachten. Wir wollten die Neujahrsnacht in einer Hütte verbringen, die auf meiner Karte deutlich eingezeichnet war. Stundenlang ging es steil bergauf, durch knietiefen Schnee, gegen schneidend kalte Windböen. Wir spurten abwechselnd, bevor der eine nicht mehr konnte, übernahm der andere die Führung, wir waren ein gutes Team; es bestand eine ganz enge, sprachlose Übereinstimmung. Als wir auf über tausend Meter Höhe die Hütte erreichten, war dort alles zu, winterfest verrammelt, und die Dunkelheit zog schon herauf. Weit und breit nur verschneite Wälder. Die Tür hielt meinen Tritten stand, dreimal versuchte ich vergeblich, sie einzurennen, dann war ich völlig erschöpft, am Ende, fertig. Ungläubig sah ich, wie Freda ihre Schneeschuhe wieder unterschnallte, den Rucksack schulterte und nichts weiter sagte als: »Los, komm.« Ich folgte ihr auf eine Bergkuppe, bis an die Taille reichte uns der Schnee, aber als wir oben waren, lag da, nicht weit von uns, ein Dorf.

In brütender Hitze sitzen wir an einer Quelle und kühlen uns die Füße. Freda raucht schweigend eine Zigarette, auch mir fehlen die Worte. Dann dränge ich zum Weitergehen. Bis spät in den Abend quäle ich mich durch das Auf und Ab der Berge. Wie noch nie reißt mir der Rucksack in den Schultern und die Füße sind wie aus Blei. Mir ist, als hätte ich Freda huckepack.

Am Rande einer frisch geschnittenen Wiese bereiten wir unser Nachtquartier. Freda hat gute Sachen mit: Lammsalami, Brot mit Sonnenblumenkernen, sogar Butter und eine Dose Fleisch für Feldmann. Ich mache Feuer für den Tee. Der Rauch steigt fast senkrecht. Die Luft steht. Wir liegen auf unseren Schlafsäcken und blicken in die Flammen. Wie viele Nächte habe ich von so einer Nacht geträumt, was macht es mir jetzt bloß so schwer, mich mit meinem Glück abzufinden, warum lässt mich die ersehnte Nähe dieser Frau schon wieder in Gedanken das Weite suchen? Allein wäre ich jetzt glücklich mit meinem Unglück, nun ist es genau umgekehrt.

Schon beim Frühstück hat Freda begriffen und fragt nach dem nächsten Bahnhof. Sie komme sich vor wie ein Störenfried, sagt sie. Ich wage nicht zu widersprechen. Ich habe Schuldgefühle. Hamburg, du hast uns wieder. Die vielen Wochen zu Fuß haben mich anscheinend keinen Schritt weitergebracht. Alles umsonst. Auf der Suche nach einem Ausweg aus dieser aussichtslosen Lage schlage ich vor, nach Heppenheim zu laufen, da liegt zwar nicht der allernächste Bahnhof, aber dort bin ich aufgewachsen und mein Onkel Werner, der dort Studienrat ist, hat immer einen guten Wein im Keller. Wir erreichen die Bergstraße, lange bevor die Sonne hinter der pfeilgeraden Autobahn untergegangen ist, und noch ehe es dunkelt, sind wir in Heppenheim bei Onkel Werner gut untergebracht. Nach einer kalten Dusche, einem warmen Essen und zwei Flaschen Heppenheimer Eckweg, Spätlese 1976, sieht die Welt schon ganz anders aus. Arm in Arm schlendere ich mit Freda durch das schlafende Städtchen und ergehe mich in vagen Kindheitserinnerungen. Genau lokalisieren lassen sich meine ersten sechs Lebensjahre kaum, die ich hier verbracht habe. Vielleicht liegt es daran, dass ich eigentlich schon in der Wiege ein Nichtsesshafter war. Kurz nach meiner Geburt zerbrach die Kriegsehe meiner Eltern und ich wanderte von Hand zu Hand, wechselte öfter die Bezugsperson, als es mir guttat. Mein Vater musste oft geschäftlich verreisen und meine Mutter, die nach 1945 aus dem zerbombten Berlin in das Elternhaus ihres Mannes floh, war heilfroh, wenn sie bei Freunden in Hamburg oder sonst wo der Enge der Kleinstadt entfliehen konnte. So war »Mai« das erste Wort, das ich sprach, und ich meinte damit Marie, unser Kindermädchen, die heute im Gasthof »Zum goldenen Engel« am schönen alten Marktplatz die Zimmer putzt. Ich entsinne mich dunkel an einen Spalt in der brüchigen Friedhofsmauer, vor dem ich mich damals schrecklich fürchtete. Ich dachte, dass durch diesen Spalt die Seelen der Toten direkt in die Hölle führen, und als meine Großeltern kurz hintereinander starben, da habe ich die Ritze mit Erde verstopft, damit ihnen das Fegefeuer auf jeden Fall erspart bliebe. Auch eine Lügenbrücke ist mir in Erinnerung, die ich nur anzusehen brauchte, um sie gefährlich zum Schwanken zu bringen, und unvergesslich ist mir das Kinderheim, wo es für mich Bettnässer zum Nikolaus Hiebe statt Süßigkeiten gab. Doch die düsteren Kindheitsbilder schrecken mich heute Nacht nicht. Mit ihnen lässt sich auf angenehme Weise die Gegenwart verstellen und morgen früh schon nimmt Freda den Zug nach Süden.

Die Hoffnungsreisenden

Von Özlem Gezer

Noch als Schülerin an der Henri-Nannen-Journalistenchule begleitete Özlem Gezer bulgarische Wanderarbeiter auf der langen Reise von deren Heimatdort in Bulgarien nach Hamburg. Sie fuhr im Selbstversuch die ganze Strecke mit im Minibus und besuchte die Arbeiter auch in deren Wohnquartieren. Ihre Reportage wurde mit dem Helmut-Stegmann-Preis 2011 des Bayerischen Journalistenverbandes ausgezeichnet. Özlem Gezer ist Redakteurin beim *Spiegel*.

Moderne Menschenhändler beliefern den deutschen Markt mit Arbeitskräften aus Bulgarien, auf die 3 Euro Stundenlohn warten und Schlafplätze im Kellerverschlag. Eine Reise mit Tagelöhnern, die Deutschland für das gelobte Land halten.

Bojan Hakim[1] steht auf dem Marktplatz und nimmt Bestellungen an. »Drei Männer zwischen 20 und 35«, sagt ein Kunde, »diesmal aber kräftiger!« Hakim nickt. dann drückt er dem Bauherrn seine Visitenkarte in die Hand. Ein VW Transporter ist darauf abgebildet, darunter steht in roten Buchstaben: »Germania Turs«.

Obst- und Gemüsehändler bieten nebenan ihre Ware feil, Trödler verkaufen Radiogeräte und Aschenbecher, es ist Wochenmarkt in Wilhelmsburg, einem Hamburger Arbeiter- und Zuwanderer-Viertel. Die Nachfrage ist groß nach allem, was gut und billig ist.

---

[1] Name von der Redaktion geändert

Es gehen noch mehr Bestellungen ein an diesem Vormittag. Hakims Angebot ist begehrt, seine Bulgaren sind auf Baustellen gefragt, im Hafen, in Gaststätten und Putzkolonnen. Immer wieder klingelt sein Handy, es melden sich Pizzabäcker aus Dänemark und Lagerleiter aus Frankfurt. Sie bestellen Menschen für 25 Euro pro Tag, steuerfrei und unversichert. Bojan Hakim, 33, kennt sich aus. Früher, in Bulgarien, handelte er mit Vieh. Mit Schafen, mit Ziegen, mit Kühen. Sie mussten gesund sein, seine Tiere, stark und willig. Das Geschäft lief gut. Heute handelt er mit Menschen. Gesund müssen sie sein, stark und willig. Das Geschäft läuft besser.

Ein zerfleddertes Notizbuch dient Hakim als mobiles deutsch-bulgarisches Arbeitsamt, darin notiert er die Namen seiner Arbeiter, Größe, Alter und Beruf, falls sie einen haben. Sobald sie zum Profil eines Auftraggebers passen, wird er sie nach Deutschland transportieren, den Kontakt zum Arbeitgeber herstellen und einen Schlafplatz vermitteln.

Jede Woche bringt Hakim in seinem Minibus acht Arbeiter in die Bundesrepublik, knapp 400 sind es pro Jahr, Tausende kommen auf anderen Wegen und jagen hier einem Traum nach von Wohlstand und Aufstieg. Seit dem EU-Beitritt Bulgariens 2007 ist die Zahl der Bulgaren in Deutschland um 36 000 gestiegen, der Zuwachs lag im letzten Jahr bei über 20 Prozent, und niemand weiß, wie viele außerhalb der Statistiken hier leben, als Hilfsarbeiter für drei Euro Stundenlohn. Die meisten sprechen kein Deutsch, viele schicken ihre Kinder nicht in die Schule, sondern zur nächsten Straßenkreuzung, um Windschutzscheiben zu putzen; etliche leben versteckt in Kellerzimmern.

Die Bulgaren sind im Moment eine der größten Zuwanderergruppen in Deutschland. Das steile Wohlstandsgefälle sorgt für steten Nachschub, auch wenn Bulgaren, anders als Polen oder Ungarn, erst ab 2014 die volle europäische Freizügigkeit für Arbeitnehmer genießen.

Als EU-Bürger können sie einreisen, so oft sie wollen. Sie brauchen kein Visum und keine Aufenthaltsgenehmigung; nur wer länger als drei Monate bleibt und arbeiten will, muss die Erlaubnis der Behörden haben. Manche melden dann ein Gewerbe an und leben in der Scheinselbstständigkeit, andere suchen ganz ohne Papiere als Tagelöhner Jobs, doch auf dem Schwarzmarkt macht das kaum einen Unterschied. Die Chancen aufzufliegen sind gering.

2200 Kilometer von Hamburg-Wilhelmsburg entfernt sitzen vier Männer an einem Tisch und streiten. »Ich will heute nicht über Frankfurt fahren«, sagt einer. »Ich musste letzte Woche schon bis nach Stuttgart, diese Woche bist du dran«, sagt der andere. Bojan Hakim schweigt. Die Mokkatassen vor ihm sind leer, die Aschenbecher voll, er nippt an einer Dose Bier, zieht an seiner Davidoff Gold Slim. »Weiberzigaretten«, sagt einer von ihnen. »Haben wir uns von den Nutten abgeguckt, die wir hin und wieder transportieren«, erwidert Hakim und lacht.

Das Tankstellen-Café liegt in Russe, im Norden Bulgariens, an der Grenze zu Rumänien. Die Menschenhändler nennen es ihr »bulgarisches Büro«. Sie haben das Umland unter sich aufgeteilt. Jeder fährt durch seine Dörfer, verteilt Visitenkarten und spricht junge Männer an, die starke Oberarme haben. Einmal pro Woche treffen sie sich im »Büro« und entscheiden, wer welche Städte in Deutschland beliefern soll. Dann verteilen sie die Arbeiter auf ihre Busse und kassieren. Die Fahrt nach Deutschland kostet 150 Euro pro Person.

Hakim steigt in seinen VW, Modell T5, Baujahr 2004. Acht Passagiere sitzen darin, beladen mit Schafskäse, Taschen und der Hoffnung auf ein besseres Leben. Langsam geht es an verlassenen Schlachthöfen vorbei, an geschlossenen Lederfabriken, durch ein Land, das zu Europas ärmsten zählt. An diesem Samstagmittag scheint die Sonne über Sliwo Pole, es ist das letzte Dorf vor der Grenze. Fast jede Familie hier hat einen Ehemann, einen Bruder oder Sohn im Westen.

Die Alten sitzen vor ihren Häusern und trinken Kaffee. »Wenn die Kinder nicht in Deutschland wären, würden wir verhungern«, sagt eine alte Frau und verabschiedet sich von ihrem Sohn. Er ist der letzte Fahrgast, den Hakim an diesem Samstag einsammelt. Der junge Bulgare fährt wieder zur Arbeit, nach Hamburg. Jeden Monat schickt er seiner Familie 200 Euro. Der Western-Union-Schalter im Dorf ist ihre einzige Verbindung, hier holt seine Mutter das Geld ab und bezahlt ihre Schulden im Lebensmittelgeschäft.

Hakim startet den Motor und dreht die Boxen auf, bulgarische Volksmusik. Von einem Speicherstick mit mehr als 3000 Liedern wird die nächsten 40 Stunden ununterbrochen Musik abgespielt. »Ich kann nicht so viel Gerede ertragen«, sagt Hakim. Er kennt ja die Träume seinerPassagiere und weiß, was sie in Deutschland erwartet.

Einige in seinem Bus verlassen heute das erste Mal ihr Heimatdorf. Rushti Yazar zum Beispiel, er ist 20. Die Haare sind gegelt, das Gesicht frisch rasiert, er trägt ein lilafarbenes Shirt und sieht so aus, als stünde er vor seinem ersten Rendezvous. Yazar fährt ins Ungewisse. Keiner hat ihn bestellt. Verwandte in Frankfurt sagten, es werde sich schon etwas ergeben, er solle kommen. »In Deutschland liegt das Geld doch auf der Straße, wir müssen es nur aufsammeln«, sagt er. Der Bus fährt über die »Freundschaftsbrücke« nach Rumänien. Aus den Boxen ertönen melancholische Arabeskklänge, sie handeln von Sehnsucht und Abschied. Yazar packt süße Melonenstücke von seiner Mutter aus einem Pappkarton, reicht sie seinem Sitznachbarn Sinan und fragt, wie es nun wirklich sei bei den Deutschen.

Sinan Kemal, 27, lebt seit vier Jahren in Deutschland und kommt gerade von einem Kurzbesuch bei seiner Familie. Für die Fahrt hat er sich nicht so fein gemacht wie Yazar, er trägt T-Shirt und Jogginghose, für die Träume des Neuen hat er ein mildes Lächeln übrig. »Ich wurde auch von Hakim importiert«, sagt er. »Solche Leute wie dich fressen sie auf, du bist zu schüchtern. Deutschland ist ein Sklavenlager.«

An seine Ankunft in Hamburg kann sich Kemal gut erinnern. Auch ihn hatte keiner bestellt. Mit einer Stange Zigaretten und zehn Kilogramm Gepäck stand er in der fremden Stadt und wartete auf sein neues Leben. Das alte hatte er in Bulgarien verpfändet, sein einziger Besitz war das Hochzeitsgold seiner Ehefrau. Das hinterließ er in einem Leihhaus in Russe. In Bulgarien steht das Hochzeitsgold für die Ehre der Frau, für Kemal war es das nötige Kleingeld für den Neustart in Deutschland.

»Tagelöhner werden am Marktplatz eingesammelt«, sagte ihm die Kellnerin in einer Teestube in Wilhelmsburg. Drei Wochen lang stand er morgens dort und wartete. Dann nahm ihn ein türkischer Mann mit auf den Großmarkt. Fünf Stunden packte er Obst und Gemüse, zehn Euro waren der Lohn. Andere Jobs folgten: Kemal verpackte Telefonersatzteile, sortierte Kleiderbügel, sortierte Müll, verschnürte Zeitschriften, arbeitete auf dem Bau. Ein normaler Arbeitstag hatte 15 Stunden und brachte maximal 30 Euro. »Ich war hungrig, frustriert und enttäuscht«, sagt er.

150 Euro im Monat kostete sein Schlafplatz, eine versiffte Matratze bei einem Bekannten. In manchen Monaten schlief er im Keller einer kurdischen Familie. Kemal zieht an seiner Zigarette. Er erzählt von türkischen Lagerleitern in Wilhelmsburg, die ihre Arbeiter ohrfeigen, wenn sie nicht schnell genug packen. Er sagt, er habe sich wie ein Sklave der Türken gefühlt. »Du bist zwar EU-Bürger, aber du bist halt im falschen Land geboren.« Yazar hört zu, überlegt. Dann sagt er: »Drei Euro die Stunde sind auch gut, wenn du in Bulgarien hungern musst.«

Hakim mag Passagiere wie Kemal und Yazar nicht. Aber wenn nicht genug Bestellungen von Arbeitgebern eingehen, dann füllen Hoffnungsreisende wie sie die leeren Plätze in seinem Bus. Für Hakim sieht ein optimaler Fahrgast anders aus: 150 Euro Transport, bis zu 200 Euro Vermittlungsgebühr vom Arbeitgeber, 150 Euro vom Vermieter. Hakim ist Reiseunternehmen, Jobcenter und Maklerbüro zugleich. »Schlechte Tour«, sagt er und schlägt mit der flachen Hand auf das Lenkrad.

Als 20-Jähriger war er 1998 nach Griechenland gegangen. Der Viehhandel zu Hause reichte zwar zum Leben, aber Hakim träumte vom großen Geld. Er pflückte zwei Jahre lang Erdbeeren auf den Feldern, sparte umgerechnet 1400 Mark. Er kaufte sich einen Peugeot 405, seinen Führerschein zahlte er mit einer Kuh. Mit 22 organisierte er die ersten Menschentransporte nach Griechenland. Die Geschäfte liefen gut. Nach drei Jahren kaufte Hakim seinen ersten Kleinbus. »Griechenland war eine Goldgrube«, sagt er. In guten Monaten verdiente er bis zu 10 000 Euro mit seinen Transporten. Dann kam die Krise in Griechenland und Deutschland wurde zum gelobten Land der Bulgaren.

Auf einer Landstraße kurz vor Bukarest ist Stau. Verkäufer drängeln sich an die Fenster und halten ihre Waren in den Wagen. Hakim feilscht. Er kauft zwölf Paar Strümpfe für drei Euro, Kristallgläser für seine Mutter, gefälschte Nike-Schuhe für seinen Sohn. »Drecksvolk«, murmelt er und drängelt sich auf den Seitenstreifen, vorbei an den Lkw, »alles Zigeuner und Diebe.« Die Rumänen seien schuld daran, dass tüchtige Osteuropäer wie seine Bulgaren einen schlechten Ruf in Deutschland hätten.

Kurz vor der Grenze zu Ungarn kontrolliert Hakim sein Handschuhfach und greift zu einem gefälschten Militärausweis, der ihn als Offizier der bulgarischen Armee identifiziert. »Seit acht Jahren erleichtert dieser Ausweis mein Leben«, sagt Hakim. Er fährt an die Seite. Der Grenzbeamte sagt, er wolle jeden Koffer kontrollieren. »Er will nur Geld, das hungrige Schwein«, flüstert Hakim und hält seinen Ausweis aus dem Fenster. Der Beamte starrt das Papier an und wartet. Hakim schreit in den Bus: »Wer hat fünf Euro? Her damit!« Yazar holt einen Schein aus seiner Hosentasche und reicht ihn nach vorn. Hakim gibt dem Beamten das Geld. »Hier, kannst Suppe trinken«, sagt er. Der Beamte reicht ihm den Ausweis zurück. Die Reise geht weiter.

Es ist mitten in der Nacht, Hakims Handy klingelt. Es ist ein türkischer Raststättenbetreiber aus Dänemark. »Du willst eine Frau? Warum? Muss sie hübsch sein? Nein? Okay. Eine Pizzabäckerin habe ich noch im Dorf. Bringe ich dir nächsten Dienstag mit, 450 Euro. Cash. Ciao.« Während er mit Tempo 160 auf der Autobahn fährt, tippt er eine Erinnerung in seinen Handy-Kalender. »Dienstag. Frau. Dorf. Dänemark.« Dann dreht er die Musik lauter. Hakim klatscht in die Hände. Er ist zufrieden. Der Bus für nächste Woche ist schon zur Hälfte ausgebucht. Drei Bauarbeiter nach Hamburg, eine Frau nach Dänemark. Die Männer bringen 900 Euro, Transport und Vermittlung, die Frau 450. Das ist jetzt schon besser als die heutige Tour.

Hakim braucht selten Schlaf. Wenn seine Augen brennen und er die Fahrstreifen kaum noch erkennt, fährt er auf einen Rastplatz, stellt den Motor aus, bindet sich einen grauen Schal über die Augen, zieht seine Schuhe aus und legt die Füße hoch. Innerhalb weniger Minuten beginnt er zu schnarchen. In einem normalen Bett kann er schon seit Langem nicht mehr gut schlafen. »Mein Körper ruht nur im gekrümmten Zustand«, sagt er später.

Kurz vor der deutschen Grenze holt Hakim drei Digitalkameras und 1600 Euro aus dem Handschuhfach. »Wir sind Touristen und fahren auf eine Hochzeit«, ruft er in den Bus hinein. »Kapiert?« Alle nicken. Jeder bekommt 200 Euro in die Tasche, die Digitalkameras werden verteilt. Nach fünf Minuten wird aus dem silbernen BMW vor ihnen eine rote Kelle gewinkt. Der Bus wird auf einen Parkplatz gelotst. Zivilfahnder kommen ans Fenster und fragen nach dem Reisegrund. »Turist, Turist, Germania Tur, Familywedding in Germania«, sagt Hakim. Die Beamten nehmen die Pässe. Nach zehn Minuten geht die Fahrt weiter. »Sie könnten uns sowieso nicht daran hindern, durch Europa zu reisen«, sagt Hakim. »Wir sind EU-Bürger, aber die Hochzeitsnummer macht es viel stressfreier.«

Hakims erster Halt in Deutschland ist Dortmund. Dort holt er Döner-Gewürze, die er an bulgarische Imbissbesitzer in Russe verkaufen wird, wie jede Woche. Um kurz vor 21 Uhr erreicht er Frankfurt am Main, er ist jetzt seit 28 Stunden unterwegs. Rushti Yazar sieht zum ersten Mal die Frankfurter Skyline, hell erleuchtet, die Türme der Banken, Versicherungen, das große Geld. Er ist begeistert, das höchste Gebäude in seinem Dorf ist die Moschee mit dem Minarett. Aber wo ist der Treffpunkt mit seinem Verwandten? Plötzlich sieht er an einer Straßenecke einen Jungen auf einem Fahrrad. »Stopp, stopp«, schreit Yazar. Der Junge ist sein Cousin. Hakim bremst und kassiert die 150 Euro. »Wenn du zurück willst, dann ruf an. Du bleibst sowieso nicht lange, Kleiner«, sagt Hakim.

200 Kilometer weiter endet die Reise für Kemal. Vor einigen Wochen ist er zu seinen Verwandten nach Ludwigsburg gezogen. Hier lebt er jetzt mit sieben von ihnen auf 60 Quadratmetern, es ist ein Aufstieg gegenüber Hamburg-Wilhelmsburg. Auch in Ludwigsburg wird Kemal auf dem Bau arbeiten. »Die Deutschen zahlen anständiger, hier leben nicht so viele Türken«, sagt er.

Der nächste Halt ist Berlin-Neukölln, dann folgt Schwerin und schließlich Hamburg. Die letzten Passagiere steigen aus. Hakim parkt in einer Sackgasse und verschwindet in einem Altbau, wo er mit neun Verwandten in einer Drei-Zimmer-Wohnung lebt. Der eigentliche Mieter, ein Hartz-IV-Empfänger, ist zu seiner Mutter gezogen. 100 Euro kassiert er pro Untermieter, 1000 Euro im Monat für eine vom Amt bezahlte Wohnung.

Hakim findet die Wohnung nicht günstig, aber praktisch. Er will nichts mit Deutschland zu tun haben, nicht die Sprache lernen, nicht offiziell existieren in diesem Land. Über die Jahre hat sich Bojan Hakim eine Struktur aufgebaut, um den deutschen Markt zu beliefern. Den Markt der Arbeitgeber, die lieber drei statt acht Euro zahlen, und den Markt der Hauseigentümer, die sich etwas dazuverdienen wollen. Ein Kellerschlafplatz in Wilhelmsburg kostet 150 bis 200 Euro. Polizei und Steuerfahndung merken nur selten, dass ein Kellerflur mit sechs Räumen einem listigen Vermieter bis zu 4000 Euro steuerfreies Zusatzeinkommen im Monat bescheren kann.

Es gibt in Hamburg ein Gesetz, das jeder Person zehn Quadratmeter Wohnraum einräumt. Zehn Quadratmeter pro Person? Seyit Erfan (Name von der Redaktion geändert) lacht. Vor elf Wochen hat ihn Hakim nach Wilhelmsburg transportiert und ihm einen Job und einen Schlafplatz vermittelt. Jetzt lebt er in einem Kellerabteil eines verwitterten Backsteinbaus, es gibt eine Couchgarnitur und zwei durchgelegene Matratzen, die Wände sind keine zwei Meter hoch, in der Luft hängt der Geruch von Zigarettenqualm und Schweiß.

Vier bulgarische Tagelöhner wohnen hier auf knapp acht Quadratmetern. Auf dem Boden stehen ein Gaskocher, Thunfischkonserven und Lebensmittel in Lidl-Tüten. Am eingang nagen Ratten an Müllresten. Sechs solcher Räume reihen sich auf dem Kellerflur. In manchen der Abteile wohnen Familien mit Kindern. Es riecht nach feuchter Kleidung, Babywindeln und Kanalisation.

150 Euro zahlt Erfan monatlich für seinen Schlafplatz. Ein Tag Verspätung kostet ihn zehn Euro extra. Die Logistikfirma, an die ihn Hakim vermittelte, beschäftigte ihn nur drei Wochen. Erfan, 46, war dem Lagerleiter zu alt, nicht schnell und kräftig genug. Seitdem steigt er jeden Morgen ziellos aus dem Keller, stellt sich auf den Marktplatz und wartet. Wenn er Glück hat, kann er für zehn Euro drei Stunden lang eine Wohnung entmüllen. »Wir behandeln im Dorf unsere Hunde besser als die Leute hier die Bulgaren«, sagt er und geht über den Platz in ein Internetcafé auf der Veringstraße. In Sliwo Pole sitzt seine Frau vor dem Computer. »Soll ich nicht zurückkommen?«,

fragt Erfan immer wieder mit leiser Stimme. »Auf gar keinen Fall, hier bist du arbeitslos«, antwortet seine Frau. »Wann holst du uns endlich nach Deutschland?«, fragt sie dann, wie jeden Tag.

Erfan könnte erzählen, dass heute Morgen die Polizei in den Kellerräumen war, dass sein neuer Schlafplatz ein Dachgeschoss ohne Toilette, ohne Dusche, ohne Küche werden wird. Er könnte erzählen, dass er dann drei Straßen weiter laufen muss, um sein Gesicht zu waschen oder die Toilette bei seinen Verwandten zu nutzen. Er könnte erzählen, dass die Ratten an ihren Essensreserven nagen, wenn sie über Nacht das Fenster versehentlich offen lassen. Er könnte auch erzählen, dass er noch nicht einmal seine Miete beglichen hat und Hakim noch 150 Euro für die Hinfahrt schuldet. Aber er schweigt.

Auf dem Bildschirm sieht er seinen neugeborenen Enkel, das erste Mal. Erfan fließen Tränen über seine hohen Wangenknochen. Er hat Sehnsucht. Nach seinem Dorf. Nach dem Geruch der frischen Tomaten in seinem Garten. Nach seiner Frau. Erfan verabschiedet sich, zahlt zwei Euro für das kurze Familientreffen und geht zurück in seinen Keller.

Seyit Erfan sitzt regungslos auf seiner Matratze, zündet sich eine Zigarette an. Da kommt Hakim in den Kellerflur. Erfan bittet, ihn wieder mitzunehmen. Nach Hause, nach Sliwo Pole. »Bezahl erst mal deine Schulden.« Erfan nickt. »Ich bin doch kein bulgarischer Schutzengel«, sagt Hakim. Dann verlässt er den Keller. Bojan Hakim geht über den Hof und schließt die Metallpforte zu.

Auf dem Arbeitsstrich

Von Detlef Vetten

Eine Lebens- und Schaffenskrise brachte ihn auf den Tagelöhnermarkt: Detlef Vetten, Jahrgang 1956, war Sportchef beim *Stern*, Lokalchef bei der *Münchner Abendzeitung* und arbeitet jetzt größtenteils als freier Journalist. Zu seinen Auftraggebern gehörten und gehören *Playboy, Zeit, Süddeutsche Zeitung, Stern, Psychologie heute, Spiegel* und *Focus.*

Der Sozialarbeiter versteinert. »Arbeitsstrich? Hab' ich noch nie von gehört.« Dabei ist der Mann in Berlins »Prekariat« vernetzt wie kaum ein anderer. Er weiß, was Menschen alles versuchen, sich aus dem Hartz-IV-Milieu hochzuwurschteln. Doch wenn man ihn offiziell auf den »Arbeitsstrich« anspricht, macht er dicht. Er darf nicht wissen, was sich da tut in Berliner Parks und an den Bahnhöfen. Also mimt er den Ahnungslosen. Erst wenn man erklärt, man habe den »Arbeitsstrich« am eigenen Leib erlebt, wird er zugänglicher. »Wo waren Sie da?«, fragt er. Man sagt, das sei damals am Treptower Park gewesen. Der Sozialarbeiter entspannt sich. »Da ist jetzt alles sauber«, sagt er.

Ob denn die Szene umgezogen sei, will man wissen. Darüber wisse er nichts.

Man fragt sich durch. Und wird fündig. Natürlich ist der »Strich« umgezogen. Momentan stünden die Männer rund um den Ostbahnhof und warteten auf die »Arbeitgeber«. Morgens um vier. Man geht hin.

Da stehen sie. In ihren schäbigen Anoraks, mit Gesichtern ohne Hoffnung. Sie stehen da, wie man selbst vor zwei Jahren auch gewartet hat. Damals am Rand des Treptower Parks ...

Es ist kalt am Treptower Park. Ich habe das Rad in der Nähe des Karpfenteichs angekettet und meinen Platz bezogen. Nach der Fahrt durch Kreuzberg und Neukölln friere ich. Es ist kurz nach vier, auf den Wiesen des Parks wabert kniehoher Bodennebel. Zehn Meter von mir stadteinwärts hat ein bulliger Berliner, den ich schon kenne, Position bezogen. Er raucht Kette und kümmert sich sonst um nichts. Beim letzten Mal haben wir beide keinen Job gekriegt und sind einander später an der S-Bahn-Station über den Weg gelaufen. Der Berliner wollte eine Runde ausgeben; als ich ablehnte, hätte der andere gern eine Keilerei angezettelt. Da habe ich ihm meinerseits einen Schnaps und ein Bier bezahlt und mir einen Kaffee gekauft. Der andere hatte mich als Weichei bezeichnet – als ich den Imbiss verließ, war es gerade mal sieben – und es war schon wieder mal ein verlorener Tag.

Zehn Meter stadtauswärts von West steht ein Neuer. Er sieht vergleichsweise gepflegt aus. Sehniger Typ, fast schon ein bisschen ausgemergelt. Er nestelt in seinem Rucksack, holt eine Thermoskanne raus und gießt sich etwas in den Becher. Er merkt, dass man ihm zusieht. »Kaffee!«, ruft er herüber. »Gut. Willst du auch?« Nein danke. Vielleicht später. (Später werde ich froh sein über ein Heißgetränk sein– der Himmel ist eisgrau und ich habe das Gefühl, es wird im Lauf des Tages noch schneien.) Ich will mich nicht ablenken lassen. Gleich kommen die Rumänen. Da macht es sich nicht gut, wenn man am Strich steht und Kaffee süffelt.

Der Treptower Park ist die vorläufige Endstation einer zermürbenden Suche nach Arbeit. Meine Storys waren nicht mehr gefragt, meine Themenvorschläge interessierten nicht. Nicht mal die von der »Apotheken Umschau« (früher war ich bei denen alles los geworden) wollten was von mir, bei den Tageszeitungen bekam ich höfliche Absagen, von den großen Magazinen kamen nicht mal Absagen. Alle Kunden von früher sagten nett und bestimmt »Nein danke«. Das war nicht persönlich gemeint. Es gab für Freie einfach kaum Jobs. Ich traf immer wieder Kollegen, die den Beruf aufgegeben hatten. Sie betrieben eine Kneipe, fuhren Taxi, hüteten ihre Kinder, soffen sich ins Vergessen.

Für einen Fahrradkurier war ich zu alt. Ich war kein besonders guter Handwerker und hatte keine Ausbildung. Da blieben nur Hilfsarbeiten – und selbst die waren schwer zu finden. Ich brauchte aber Jobs. Der Antrag auf Hartz IV war beim ersten Anlauf abgelehnt worden. Jetzt lief eine erneute Anfrage, bislang noch ohne Antwort. Auf dem Konto war kein Geld, also musste ich ein paar Euro verdienen. Im Arbeitsamt hatte mir die Sachbearbeiterin geraten, mich doch einmal in der Sonnenallee umzusehen. Dort könne man, wenn man früh genug dran war, immer wieder Jobs ergattern. Das sei ja besser als gar nichts.

Die »Hauptagentur für Arbeit Berlin Süd« ist in der Sonnenallee 282, 12057 Berlin. Das ist keine schöne Gegend dort. Die wenigen verwitterten Einfamilienhäuser ducken sich hinter Hecken weg. Die Hochhäuser sind verschossen und nicht einladend. Freudlose Menschen kommen heraus und gehen hinein – darauf bedacht, niemanden ansehen zu müssen. Kinder spielen ruppige Ballspiele und schlagen die Zeit tot. An der Aral-Tankstelle stehen immer ein paar Figuren herum, die es aufgegeben haben, sich wertzuschätzen.

Das Arbeitsamt ist ein hoher grauer Kasten. Viele Glasflächen, aber das macht das Gebäude nicht freundlicher. Hinter grauer Fassade verwaltet ein Heer von Kafka-Beamten West und Konsorten. Die Büro-Lemuren aus der Sonnenallee 282 bilanzieren getreulich, was mit den Hoffnungslosen so passiert im Laufe eines Jahres. Das wird zu Papier gebracht und liest sich dann folgendermaßen:

Im Jahr 2009 haben sich die Rahmenbedingungen für den Bezirk der Agentur für Arbeit Berlin Süd nicht gravierend gegenüber dem Vorjahr verändert. Im Bezirk der Arbeits-Agenturen Berlin Süd leben circa. 1,16 Millionen Menschen. Dies entspricht rund einem Drittel der Gesamtberliner Bevölkerung. Davon sind 51,1 Prozent Frauen und 48,9 Prozent Männer.

Der Anteil der Mitbürgerinnen und Mitbürger mit Migrationshintergrund beträgt im Bezirk 26,3 Prozent und reicht von einem Anteil im Bezirk Neukölln von 39,6 Prozent bis 7,1 Prozent in Treptow Köpenick. Auch in den Stadtbezirken der Agentur für Arbeit Berlin Süd war im Jahr 2009 die globale Wirtschafts- und Finanzkrise in einigen Branchen zu spüren. Der Arbeitsmarkt hat sich im Jahr 2009 jedoch deutlich besser entwickelt als erwartet und erwies sich erfreulich stabil. Mit einem Anstieg der sozialversicherungspflichtigen Beschäftigung um 1,6 Prozent lag Berlin bundesweit an der Spitze aller Bundesländer.

Im Agenturbezirk Berlin Süd stieg die Zahl der Arbeitslosen im Vergleich zum Vorjahr um 3,4 Prozent (2.328 Personen) von 68.381 auf 70.709. Die Arbeitslosenquote, bezogen auf alle zivilen Erwerbspersonen, betrug 2009 im Jahresdurchschnitt 13,6 Prozent.

Ich erlebte das Amt nicht grau in grau, sondern als schwarzen Klotz, beleuchtet von ein paar Laternen-Funzeln und den Scheinwerferspielen weniger Autos auf der Sonnen- und der Grenzallee. Es war vier Uhr morgens. Nur wenige Menschen, vor allem Männer, schlurften den Gehweg entlang, bogen aufs Grundstück des Arbeitsamts ein, passierten eine Durchfahrt und querten einen dunklen Hinterhof. Sie wollten zu der Stahltür, die um diese Zeit für den Besucherverkehr schon aufgesperrt war. Der Raum hinter der Tür war nicht sehr groß. Es roch nach abgestandener Luft, nach Knoblauch, Alkohol und Ungewaschen-Sein. Zwei Dutzend Menschen hatten sich eingefunden. Viele kannten sich. Da war der Jugo, der sich gar keine großen Hoffnungen machte – er konnte nur nicht schlafen, zu

Hause fiel ihm die Decke auf den Kopf und draußen war es zu ungemütlich. Später würde er es sich vor dem Bistro am S-Bahnhof Köllnische Heide gemütlich machen.

Da war der kleine Thai-Mann. Der ließ sich nicht unterkriegen. An jedem Werktag tauchte er auf – und wenn er mal einen Job ergatterte, strahlte er übers ganze Gesicht. Aber das war nicht oft so: Grund zum Strahlen hatte er vielleicht zwei-, dreimal im Monat. Oder der Berliner mit dem Narbengesicht. Er sah gefährlich aus, war aber eine Seele von Mensch. Wenn einer zum ersten Mal in der Sonnenallee Arbeit für 'nen Tag suchte, half ihm der Icke über die Runden. Wo man sich am besten hinstellte, wenn man nicht übersehen werden wollte. Was für Jobs ein gutes Gefühl machten und von welchen man am besten die Finger lassen sollte. Wer im Raum ein guter Kumpel war, wer schnell austickte, wo die Linkmichel saßen... Solche Sachen eben.

Zwischen halb fünf und fünf kam jemand und vergab – ein wenig gönnerhaft – die Glückskarten des Tages. Verstärkung für die Schneeräumkommandos im Winter, Notfall-Besatzung an Großbauprojekten. Helfershelfer beim Stadtputz... Wer einen Job zugeschanzt bekam, war einen Tag ein glücklicher Mann. In den nächsten Stunden hatte er das Gefühl, gebraucht zu sein. Abends gab es einen Fuffi auf die Kralle – wunderbares Gefühl.

Aber eine unsichere Sache blieb das alles doch. Es gab nicht genug Arbeit im Angebot. In der Sonnenallee gehst du oft unverrichteter Dinge wieder nach Hause. Dann bist du den ganzen Tag gerädert, weil Du so früh aus den Plünnen musstest. Du fühlst dich nutzlos, hast keine Energie für sinnvolle Aktionen. Du kannst ziemlich sicher sein, dass das ein mieser Tag wird.

Wer mit Icke darüber redet, dem wird er sagen: »Wennde dir traust, gehste ebent auf'n Strich. Momentan is der am Treptower Park. Is aber nich ganz unjefährlich. Wennde Pech hast, wirste total beschissen. Und vor der Bullerei sollteste dir auch hüten. Obwohl, ich meine: Den Bullen is eijentlich ejal, wat da passiert. Dit is denen zu poplich.«

Kurz vor fünf sehe ich den bekannten Kastenwagen kommen. Er hält einmal auf Höhe des Sowjetischen Ehrenmals, nun bewegt er sich ohne Zwischenstopp in seine Richtung. Es ist der gelbe Ford Transit, der ihn schon zweimal aufgepickt hat. Gehört wohl einem Trupp von Rumänen. Neben mir stoppt das Fahrzeug. Der Beifahrer hat mich wieder erkannt, lässt das Fenster herunterschnurren, sagt: »Dreifunfzig!«
»Okay«, sage ich, will einsteigen.
»Was – Kollege?« Er deutet auf den Mann, der mir Kaffee angeboten hatte.
»Soll ich fragen?«
»Ja, fragen.«
Ich rufe dem Mann zu, ob er einen Job für dreifünfzig in der Stunde wolle. Der nickt, nimmt den Rucksack in die Hand und beeilt sich, zum Wagen zu kommen. Ich habe die Seitentür aufgeschoben und bin schon eingestiegen. Der andere klettert hinterher, zieht die Tür zu. Außer den beiden sitzen schon zwei Männer auf der Bank. Man ist komplett. Der Bus nimmt Fahrt auf – bald sind wir auf der Stadtautobahn in Richtung Schönefeld. Und wie ich's geahnt habe: Es hat zu schneien begonnen. Berlin ist schweinekalt an diesem Morgen.

Die Rumänen reden nicht mit ihren Arbeitern und haben sich auch nicht viel zu sagen. Der Fahrer – Lederjacke, Rollkragen-Pulli, Schiebermütze – lenkt mit einer Hand, die andere ist damit beschäftigt, sich ständig irgendwo zu kratzen. Im Nacken, hinter den Ohren, auf der Brust, im Schritt. Sein Kollege trägt einen Blaumann und einen abgewetzten Anorak. Er raucht unablässig, schnippt die Kippen aus dem Fenster, das er trotz der Kälte nicht geschlossen hat.

Wir passieren den Flughafen Schönefeld, verlassen hinter Waltersdorf die Autobahn. Der Fahrer lenkt den Wagen über immer kleinere Straßen in Richtung Westen. Da es nun stärker schneit, ist die Stadt im Norden nicht mehr zu erahnen. Schließlich biegt der Wagen von einer kleinen Teerstraße auf einen Feldweg ab. Es geht durch ein Hoftor, wir rollen auf dem Platz vor ein paar Gebäuden aus. Es ist sechs Uhr morgens.
»Los! Schnell! Arbeit!«, sagt der Raucher. Der Fahrer guckt die Arbeitsstricher nicht an. Er lässt die Scheibe auf der Beifahrerseite hochfahren, sucht ein anderes Radioprogramm, schiebt die Mütze in die Stirn und lässt den Kopf gegen die Nackenstütze sinken. Der Raucher hat gemeint »Du warten hier!« und ist in einer Art Stall verschwunden. Wir vier Männer stapfen auf der Stelle, um uns warm zu halten. »War einer von euch schon mal hier?«, will ich wissen. Die anderen schütteln die Köpfe. Das hier ist für alle Neuland.

Kümmere dich nicht um die anderen. Streif' die Arbeitshandschuhe an, zieh' die Hose hoch und pack' an! Der Rumäne führt uns in einen Stall. Die Boxen für die Tiere sind leer, ansonsten türmt sich Gerümpel aller Art. »Du werfen das auf Laster«, sagt der Rumäne zu uns. Macht uns verständlich, dass der Wagen minütlich erwartet werde. Dann sollten wir den Stall besenrein räumen. »Wenn fertig – andere Haus!« Der Auftraggeber deutet durchs Scheunentor auf einen noch größeren Stall auf der anderen Seite des Hofs. Wir sehen auf den Müll, der zu entsorgen ist, addieren noch einmal die gleiche Menge dazu und wissen: Das wird ein harter Tag. Der Laster rollt auf den Hof, fährt rückwärts an das Stalltor. Wir beginnen zu arbeiten.

Zuerst die leichteren Teile. Bretter, Platten, halb volle Säcke, Farbeimer. Du nimmst Abfall in beide Hände, trottest damit zum Wagen und schleuderst den Schrott auf die Pritsche. Zurück in den Stall, nächster Gang. Das ist anfangs nicht anstrengend. Eher empfindest du das Arbeiten als angenehm, weil dir endlich warm wird. Eintönig ist es. Gehen. Abfall aufklauben. Abfall auf den Laster werfen. Und wieder und wieder und wieder.

Du beachtest die drei anderen nicht. Jeder verrichtet hier seinen Job. Den Männern ist nicht anzusehen, ob sie über etwas nachdenken oder ob der Kopf auf Standby geschaltet ist. Sie haben starre Gesichter, aus denen stoßweise Atemfahnen in die Kälte quellen. Der Nachbar vom Treptower Park arbeitet mit stoischer Disziplin. Er lädt sich schwere Lasten auf und hält in seinen Bewegungen nicht inne. Jetzt sind nämlich die schweren Sachen an der Reihe. Und nun ist die Angelegenheit überhaupt nicht mehr angenehm.

Eine Zeit lang arbeiten wir schweigend, jeder für sich. Dann müssen wir uns zusammentun. Der Müll, den wir nun entsorgen sollten, wird immer unhandlicher und schwerer. Ich und der Kaffee-Mann sind das eine Team, die beiden anderen wortkargen Typen scheinen ohnehin irgendwie zusammenzugehören.

Irgendwann hieven Jan – so heißt der Kaffee-Mann – und ich ein langes breites Brett aus dem Holzhaufen. Drauf steht etwas von Schweinezucht und VEB. Langsam marschieren wir, das Brett unterm Arm, zum Laster. Ich bin erstaunt: Volkseigener Betrieb, das hatte ich schon geahnt, als wir auf die graubraunen, sehr heruntergekommenen, fensterarmen Flachbauten zugefahren waren. Doch im Inneren hatte alles eher nach großen Pferdeställen ausgesehen. Ja, was denn nun: Schweine oder Pferde? Solche Gedanken macht man sich schon einmal, wenn der Tag noch lang und die Arbeit nicht endend doof ist. So reimte ich mir eine Geschichte zusammen (die – das nur nebenbei – der Realität sehr nahe kam):

Vor der Wende hatte es hier im Umkreis von fünf Kilometern, je nach Windrichtung, nach kotenden, pissenden Schweinen gestunken. Hier waren tonnenweise Anabolika aus Jena an rasend wachsende, wässriges Fleisch ansetzende Paarhufer ausgegeben worden, die später mal als Kadaver im kleinen Grenzverkehr zur Auszehrung der kapitalistischen Menschheit jenseits des Eisernen Vorhangs geschafft worden waren.

Dann gab es die Wende – und hastdunichtgesehen wollte niemand im neuen Volk mehr den eigenen Betrieb. Dafür kamen smarte Herren in guten Anzügen in ihren beneidenswerten Karossen über den Schotterweg und beguckten sich die verfallenden Gebäude. Und irgendwann sagte einer: Koof ick. Hat alles gekauft, sich die Hände gerieben und wollte im Süden einer grenzenlos boomenden Weltstadt eine Luxus-Wellness-Pferde-Golf-Farm aufziehen. Doch der Mann hatte irgendwie blöde kalkuliert. Und so begab es sich, dass er erst mal nicht bauen konnte, dann kein Geld fürs Bauen hatte, dann alles noch einmal ein bisschen aufschob. Nun begannen seine verbliebenen Anzüge verschlissen auszusehen, der Wagen war schon lange weg – und an Bauen war nicht mehr zu denken. Der Mann musste Schulden bezahlen und zusehen, wie er überlebte.

Also verschleuderte er die wertlosen Gebäude und den kostbaren Grund an einen anderen Herrn, der noch superschnieke gekleidet war und es nicht unter einem Porsche machte. Der wiederum wollte nicht bauen, sondern abreißen. Weg mit dem VEB-Plunder. Alles besenrein. Warten. Auf die Herren mit den Bugattis. Und zum Abreißen hatte sich der Porsche-Mann die billigen Rumänen besorgen lassen. Aber die machten sich doch die Hände nicht dreckig. Die fuhren zum Treptower Park und luden mich und solche wie mich in ihren Kombi.

So wird das sich wohl zugetragen haben, dachte ich, während wir das VEB-Brett auf den Anhänger schmissen. So muss das wohl gewesen sein. Solche Gedanken macht man sich eben, wenn man sich die vermaledeite Zeit vertreiben will. Gegen eins war Gebäude 1 leer. Der Rumäne griff sich unter den Jeans-Stoff, kratzte ausgiebig in der Arschfalte und meinte: »Gut, Mittag. Halbe Stunde Pause. Dann andere Haus.«

Wir setzten uns, mit dem Rücken zur Wand, auf Pappkartons und packten aus, was wir mitgebracht hatten. Ich riss eine Aldi-Wurstpackung (Schinken, angeblich aus dem Schwarzwald) auf, holte das preiswerte Brot (volles Korn) und die Tüte Milch (Magerstufe) aus meinem Rucksack. Halt, noch den Senf (Düsseldorfer, angeblich) – ich war schließlich Genießer. Zwei Scheiben Schinken aufs Brot, den Senf mit dem Taschenmesser draufgestrichen, eine Scheibe Brot drauf. Das schmeckt immer. Ich trinke und esse gierig. Eine halbe Stunde ist so schnell vorbei. Die beiden Maulfaulen hatten ihre Stullen schon zu Hause geschmiert und packen bedächtig eine nach der anderen aus. Dazu trinken sie Bier (das Gute aus der Plastikflasche, die man beim Aldi recycelt).

Jan hat Vorgekochtes dabei. Mit Genuss löffelt er eine Art kalten Eintopf aus der Tupperschüssel. Er trinkt sehr schnell die Wasserflasche (still, reine Quelle, eineinhalb Liter) leer. Danach gibt es ein Stück Kuchen. »Willst du auch? Selbst gebacken, von meiner Frau«, fragt er mich und sieht ziemlich froh und sehr nett aus. Ich lehne ab. Ich sei kein Süßer, sage ich. Eigentlich hätte ich gerne auch so einen Kuchen gehabt – aber ich will Jan nichts wegessen. Dessen Frau hat mit Sicherheit nicht für einen Fremden gebacken.

Draußen liegt der Schnee mittlerweile knöchelhoch. Es ist sehr still. Von ganz ferne raunt die Stadt – ansonsten hört man nur vier Männer, die kauen, schlucken und schwer schnaufen. Und die seufzend ihre Habseligkeiten in den Rucksäcken verstauen, als die halbe Stunde vorbei ist. Dann hört man vier Männer, die sich ächzend erheben. Alsdenn! In Gebäude 2 zerfällt die Einrichtung einer Schweinezucht. Die Männer müssen viel Metall – Gitter, Gatter, Roste, Stangen – entsorgen. Trotz der Kälte schwitzen alle. Die beiden Rumänen-Transporter fahren den Hof im Akkord an. Kaum ist einer beladen, steht auch schon der andere leer und fordernd da.

Schweigend schuften die Männer. Jetzt hat mit Sicherheit jeder das Denken eingestellt. Ich bin ein sportlicher Typ. Habe immer Sport getrieben, bin Marathons gelaufen, kann ziemlich gut schwimmen und liebe körperliche Herausforderungen. Jetzt mag ich mich gerade gar nicht. Da die Handschuhe mittlerweile nass sind, habe ich klamme Finger, die beim Zupacken schmerzen. Vieles tut weh. Der Rücken, der Nacken, die Unterarme, die Knie. Mir ist kalt. Ich beuge mich über ein Stück Müll, suche nach dem besten Griff und richte mich auf. Dann sind sie besonders intensiv, die Schmerzen. Ich drehe mich in Richtung des Lasters und setze mich in Bewegung. Kurz sind meine Schritte geworden. Jetzt tun auch noch die Füße weh. Das ist ein Scheiß-Job hier. Selbst für den Arbeitsstrich ist das eine Zumutung.

Nach sehr vielen kleinen Schrittchen erreiche ich den Laster. Verdammt, sie haben schon wieder so hoch aufgeladen, dass ich meine Last bis in Gesichtshöhe hieven und dann auf das andere Gerümpel stoßen muss. Normalerweise wäre das eine Kleinigkeit. Doch jetzt muss ich mich konzentrieren. Wenn ich das jetzt versemmle, würde dieses verschissene Stück Eisen mir vor die Füße fallen, ich müsste es aufheben – und alles noch einmal von vorne.

Also hebe und stemme und schubse ich mit aller Kraft, die noch da ist. Und jetzt tut alles besonders weh. Alles. Danach ist der Müll auf dem Müll – und die Schmerzen klingen allmählich ab, während ich zum Gebäude zurückschlurfe. Ich stolpere durchs Tor, nähere mich einem Berg Schrott und habe ein schlimmes klammes Gefühl. Gleich sind sie wieder da. Die Schmerzen.

Gegen sechs beginnen wir vier miteinander Sätze zu wechseln. Uns ist nach Witzen zumute. Wir spüren, wie hart der Tag gewesen ist – doch nun ist er bald vorbei.
»Was glaubste? Noch zehn Touren jeder?«
»Nie. Gleich sind wir fertig.«

Ein voller Laster verlässt den Hof. Dann kommt kein Laster mehr.

Wir stellen uns in dem leer geräumten Gebäude 2 unter und warten. Ohne große Hoffnung schauen wir in die Dunkelheit – vielleicht tauchen doch noch die Scheinwerfer des Rumänen-Autos auf? Aber wir wissen eigentlich, dass wir gelinkt worden sind. Hat man immer wieder, wenn man sich auf solche Jobs einlässt. Nach eineinhalb Stunden meint der Größere der Maulfaulen, der den ganzen Tag keine zehn Wörter gesagt hat: »Die ham uns verscheißert. Die kommen nicht mehr. Ich friere. Ich mach' mich vom Acker.«

Er marschiert los. Über verschneite Felder in Richtung der leichten Helligkeit am Nachthimmel. Dort ist Berlin, so viel ist schon einmal klar. Wortlos stapften wir. Irgendwann ist die Skyline der Hartz-IV-Hochhäuser auszumachen. Um neun queren wir den ehemaligen Mauerstreifen und sind zurück in Berlin. Auch auf den Bürgersteigen liegt Schnee. Jan sagt, früher habe er mal in der Nähe gewohnt. Die U-Bahn sei nicht mehr weit. Er übernimmt die Führung. »Lipschitzallee« heißt die trostlose Station. Ein Kiosk, ein verwahrloster Platz, dunkle Geschäfte, ein dunkler Netto-Markt, ein Bierstübchen, aus dem gelbes Licht funzelt.

Die vier verschmutzten Männer setzen sich an einen freien Tisch und bestellen Bier und Schnaps. Jeder weiße vom anderen, dass man das Geld dazu eigentlich nicht hat. Wir bestellen die nächste Lage. Die zwei Wortkargen hören zu, wie sich Jan und ich zu unterhalten beginnen. Wie wir uns ausmalen, was wir mit den Rumänen anstellen würden. Wie wir – wir wurden rasch sehr besoffen – zu erzählen beginnen, was uns auf den Strich verschlagen hat. Jan und ich reden immer mehr.

Noch vor Mitternacht ist alles Geld alle. Zusammen gehen wir zur U-Bahn, zusammen fahren wir mit der Rolltreppe zum Perron. Dort bleiben die Maulfaulen schweigend beieinander. Der Pole und ich suchen uns verschiedene Bänke und warten auf die U7 in die Stadt. Man will nichts mehr miteinander zu tun haben.

Ich sehe nicht mehr klar. In meinem Waggon pennt noch jemand in der Ecke, ansonsten bin ich allein. Die Gedanken flackern durcheinander. Pleite. Wie lang waren wir da draußen? Von sechs bis sechs. Halber Tag. Kein Cent – und den Rest auch noch auf den Kopf gehauen. Wo soll ich morgen Kohle hernehmen? Ach, scheiß' drauf. Wenigstens blau. Morgen hab' ich Muskelkater, ich schwör's. Komischer Typ, der Jan. Hat was auf'm Kasten und ist nett. Ob dem die Alte jetzt die Hölle heiß macht? Kann mir egal sein. Eigentlich muss ich froh sein, dass ich keine Alte hab'.

Ich schwanke, als ich aussteige. Fast hätte ich mich langgelegt. Blöder Slapstick. Ein paar junge Leute trinken in der warmen U-Bahn-Station ihr Bier und lachen sich scheckig über einen auf dem Boden liegenden Dreckspenner. Wenn sie nicht so faul wären, würden sie jetzt ein paar nette Spielchen mit ihm spielen. Penner ärgern ist ein schöner Spaß.

Aber sie haben keinen rechten Bock. Stoßen den Schlafenden mit den Schuhspitzen an und ziehen weiter. Mich boxen sie nur einmal in die Seite. Dann geht jeder seines Wegs. Uff! Glück gehabt! Das hätte gerade noch gefehlt: jetzt Dresche beziehen. So fügt es sich, dass ich nach einem Tag Arbeitsstrich wenigstens heil nach Hause komme. Wenigstens etwas.

Unter Lohndrückern

Von Massimo Bognanni

Mit Leidenschaft deckt der Journalist Massimo Bognanni Missstände in Politik und Wirtschaft auf und erzählt die Geschichten derer, denen sonst selten jemand zuhört. Als freier Autor arbeitete er unter anderem für den *Stern*, *Brand Eins*, die *Zeit* und die *Süddeutsche Zeitung*. Im Sommer 2011 heuerte er undercover bei einer Zeitarbeitsfirma an, um im Selbstversuch zu erfahren, wie sich Akkordarbeit im Niedriglohnsektor anfühlt. Er ist heute Reporter beim *Handelsblatt*.

Mit Werkverträgen senken immer mehr Unternehmen ihre Personalkosten. Stern-Mitarbeiter Massimo Bognanni war Regaleinräumer bei Rewe.

Nennen wir ihn Dirk. Er ist stellvertretender Teamleiter. Er wird mich in den nächsten zwei Wochen fertigmachen. »Mitkommen«, sagt er und eilt in ein Büro gleich neben der Getränkeabteilung. Dirk hat keine Zeit für Begrüßungsfloskeln, diktiert mir nur schnell die Bedingungen: 6,50 Euro die Stunde, der Job ist Akkordarbeit. »Du hast eineinhalb Stunden für eine Palette Zeit. Wenne das nich schaffst, musste gehen«, sagt er. Ich verspreche, Vollgas zu geben. Bei Dirk hinterlässt das wenig Eindruck. »Warte, bis der Chef da ist, der reißt dir den Arsch auf.« Nächste Woche kann ich anfangen: als Regaleinräumer der Teamwork – Die Büttgen GmbH in einem Kölner Rewe-Supermarkt. Glaubt man der Bundesregierung, dürfte es solche Beschäftigten wie mich bei den Supermarktketten gar nicht mehr geben.

Im März hatte Arbeitsministerin Ursula von der Leyen (CDU) vor dem Bundestag neue Regelungen für die Zeitarbeit präsentiert.

»Wer seiner Belegschaft kündigt, um sie für die gleiche Arbeit zu schlechteren Löhnen als Zeitarbeiter wieder einzustellen, der kündigt den fairen Umgang miteinander auf«, sagte sie damals. Mit den neuen Bestimmungen sollten Ungleichheiten ein Ende haben. Außerdem ziehe die Regierung »in der Leiharbeit nun eine gesetzliche Lohnuntergrenze ein«.

Im Westen gilt seitdem ein Mindestlohn je Stunde von 7,79 Euro und im Osten von 6,89 Euro. In der Wirklichkeit aber geht das Lohndumping weiter: Statt Zeitarbeiter für bestimmte Tätigkeiten zu entleihen, lagern die Supermärkte zunehmend Arbeit an Subunternehmen aus. Das nennt sich »Werkvertrag«. Die Firmen werden je »Werk« bezahlt, beispielsweise für jede Palette Lebensmittel, die ihre Mitarbeiter einräumen. So wird der Mindestlohn ausgehebelt.

Neben Teamwork, einem der größten Anbieter im Geschäft mit den Werkverträgen im Einzelhandel, gibt es laut »Lebensmittelzeitung« 120 weitere Subunternehmen in Deutschland, die rund 350 000 Beschäftigte in den Handel vermitteln, vor allem in die Warenverräumung. Sie werden aber auch gern für Lagerarbeiten eingesetzt, sie kommissionieren, sortieren und konfektionieren. Und das alles für 6 oder 6,50 Euro die Stunde. Neben Rewe und Real arbeiten auch bei der Drogeriemarktkette Rossmann Werkvertragler zu Niedriglöhnen. In jeder zweiten Filiale füllen die Billigkräfte des Subunternehmens Instore Solution Services GmbH die Regale auf. Rossmann nennt als Grund: »Um den Mitarbeitern mehr Zeit für die Kunden zu geben.«

Zwei Wochen nach meiner Bewerbung melde ich mich im Rewe-Büro im Kölner Stadtteil Rodenkirchen. Teamleiter André (Name von der Redaktion geändert) kritzelt meine Daten auf rotes Papier. Der Block hat Hunderte Vordrucke. Arbeit ist hier ein Massengeschäft. Ich bekomme Handschuhe, ein Teppichmesser und ein blaues T-Shirt. »Teamwork ... and it works«, steht darauf. Dirk ist auch wieder da, um aufzupassen – auf mich und fünf andere Billiglöhner.

Ich soll eine Palette Konserven einräumen. Dirk gibt mir 90 Minuten Zeit. Ich trage die Dosen im Laufschritt durch den Supermarkt. Dirk patrouilliert zwischen den Regalen. Nach anderthalb Stunden baut er sich vor mir auf: »Das muss schneller gehen.« Der Dosenstapel auf der Palette reicht mir noch immer bis zu den Schultern. Nach vier Stunden habe ich es geschafft. Dirk steht selbst gewaltig unter Druck. Wenn die Regaleinräumer nicht schnell genug sind, bekommt er Ärger. Denn je schneller die Werkvertragler die Waren einräumen, desto mehr Geld bleibt für Teamwork übrig. Das Geschäftsmodell geht auf: Selbst im Jahr der Wirtschafts- und Finanzkrise 2009 verzeichnete das Unternehmen einen Umsatz von knapp 40 Millionen Euro und einen Jahresüberschuss von 1,4 Millionen Euro.

Obwohl Festangestellte und Werkvertragler den gleichen Job erledigen, herrscht im Supermarkt eine Zweiklassengesellschaft: oben die Rewe-Mitarbeiter in ihren weißen Kitteln, unten die Teamworker in ihren blauen Shirts. Auch bei der Bezahlung trennen sie Welten: Rewe-Mitarbeiter bekommen für körperliche Arbeit wie das Regaleinräumen laut Tarifvertrag mindestens 11,70 Euro die Stunde – fast doppelt so viel wie die Teamworker. Teamwork und viele seiner Mitbewerber zahlen in Westdeutschland 6,50 Euro die Stunde, im Osten sind es 6. Grundlage ist ein Tarifvertrag zwischen der christlichen Gewerkschaft DHV und dem Verband Instore und Logistik Services (ILS), dem auch Teamwork angehört.

Eine christliche Gewerkschaft, die Billiglöhne auch im Einzelhandel ermöglicht, gab es schon einmal: Die Christliche Gewerkschaft für Zeitarbeit und Personalserviceagenturen (CGZP) hatte mit vielen Tarifverträgen seit 2003 Lohndumping durch Leiharbeit zugelassen, was unter anderen die Drogeriekette Schlecker ausnutzte und damit für einen Skandal sorgte. Das Bundesarbeitsgericht hat die CGZP im vergangenen Jahr für tarifunfähig erklärt. Sie hatte zu wenig Mitglieder, um die Interessen der Arbeitnehmer tatsächlich vertreten zu können. Davon unbeeinträchtigt kann die DHV weiterhin Dumpingtarife beschließen.

Denn solange niemand gegen die Gewerkschaft klagt, werden ihre Tarife benutzt. Peter Schüren, Professor am Institut für Arbeits-, Sozial- und Wirtschaftsrecht der Universität Münster, hat für den *Stern* den DHV-Tarifvertrag für die Regalauffüller unter die Lupe genommen. Sein Fazit: »Der Vertrag bedient nur Arbeitgeberwünsche – ohne eine Spur von Interessenvertretung auf der Arbeitnehmerseite.« Nicht nur der Lohn sei extrem niedrig, auch die flexible Arbeitszeitregelung spare erhebliche Kosten. Angestellte müssen erst zwei Tage vor ihren Einsätzen über Arbeitszeit und -ort informiert werden; üblich sind bei Abrufarbeit vier Tage. Zudem können Arbeitsverträge ohne bestimmten Grund bis zu drei Jahre lang befristet werden, gesetzlich erlaubt ist eine Befristung von zwei Jahren.

Besonders pikant: Den DHVTarifvertrag haben auf Gewerkschaftsseite Gunter Smits und Hans-Joachim Bondzio unterschrieben – genau dieselben Funktionäre, die schon früher »christliche« Tarifverträge für Leiharbeitnehmer unterzeichnet hatten. Wenn Regaleinräumer sich bei der DHV, »ihrer« Gewerkschaft, melden, landen sie bei eben jenem Hans-Joachim Bondzio. Er ist für den Bereich Handel und Warenlogistik zuständig. Wer mit ihm telefoniert, bekommt zu hören, dass der Verband nur vereinzelt Mitglieder von Teamwork habe. Von Aktionen gegen die Ungerechtigkeiten rät Bondzio ab. Er wirbt nicht einmal für die Mitgliedschaft in der DHV.

Ganz andere Töne schlägt die DHV an, wenn sie vom *Stern* offiziell nach ihrer Meinung zu den Dumping-Verträgen gefragt wird. Dann sagt der DHV-Bundesvorsitzende Gunter Smits, er sehe den eigenen Tarifabschluss mit »großer Sorge«. Man habe sich »schweren

Herzens« dafür entschieden, ihn zu unterzeichnen. Man dürfe jedoch die im März verhandelten Löhne nicht mit dem Mindestlohn für Leiharbeit vergleichen – sondern mit den Tariflöhnen, die Werkvertragler im Einzelhandel vor dem neuen Abschluss erhalten hätten. Die seien für Regaleinräumer noch etwa 20 Prozent niedriger gewesen.

Teamworker werden offiziell eingestellt, um Regale einzuräumen. Tatsächlich arbeiten sie bisweilen wie feste Rewe-Angestellte, beraten etwa die Kunden im Laden. Und das hat Kalkül: Sie tragen Namensschilder, sollen ansprechbar wirken. Ein Schulungsfilm, den neue Teamwork- Mitarbeiter erhalten, gibt Anweisungen für das »Verhalten gegenüber den Käufern«: »Wie jeder andere Mitarbeiter des Marktes geben wir höflich Auskunft. Der Kunde ist immer König.« Zu sehen ist eine brünette Teamworkerin, die strahlend eine Kundin durch den Supermarkt führt und ihr eine Backmischung empfiehlt.

Auch in meinem Rewe-Markt sind die Werkvertragler in die Abläufe eingebunden. Schon am Abend meines ersten Arbeitstages steht der stellvertretende Marktleiter vor mir, zeigt auf eine Packung mit Wellness-Getränken und brüllt »Drogerie!«. Folgsam marschiere ich in die Seifenabteilung. Kurze Zeit später schickt er mich in die Genussecke, um italienische Olivenöle einzuräumen.

Wären die Regaleinräumer direkt bei Rewe beschäftigt, wäre es normal, dass sie Anweisungen vom Stammpersonal bekommen. Doch weil sie offiziell für ein Subunternehmen arbeiten, wird der Werkvertrag durch Anweisungen eines Marktleiters möglicherweise illegal, erläutert Arbeitsrechtsexperte Wolfgang Däubler von der Universität Bremen. »Ob wirklich Werkvertragsarbeit oder verdeckte Leiharbeit vorliegt, hängt davon ab, wer letztlich die Weisungsbefugnis hat, der Rewe- Mitarbeiter oder der Teamleiter«, sagt Däubler. Wenn das Rewe-Personal weiter alles bestimme, sei das »Werk«, also das Regaleinräumen, gar nicht ausgelagert, man würde nur fremde Arbeitskräfte einsetzen. Teamworker müssten dann den Mindestlohn für Leiharbeiter oder sogar dieselbe Vergütung wie die Rewe-eigenen Regalauffüller bekommen.

Um dies durchzusetzen, müssten die Werkvertragler vor Gericht ziehen. Viel Hilfe vom Staat können sie nicht erwarten. »Die Gestaltung der Arbeitsbedingungen liegt in der Verantwortung des Arbeitgebers«, heißt es aus dem Bundesarbeitsministerium. Eine Berichtspflicht der Unternehmen, ob und wie sie Beschäftigte von Subunternehmen einsetzen, bestehe nicht. Die Fahnder der »Finanzkontrolle Schwarzarbeit« des Zolls dürfen zwar kontrollieren, ob Schein-Werkverträge vorliegen – allerdings nur bei Verdacht, also bei konkreten Anhaltspunkten.

Der *Stern* hätte auch gern die Positionen von Rewe und Teamwork zu den Vorwürfen gehört. Doch beide Unternehmen wollten sich auch nach wiederholter Aufforderung nicht äußern. Konkurrent Real reagiert auf die Tücken der Werkverträge so: Die Einräumer rücken außerhalb der Öffnungszeiten an. Die Metro-Tochter setzt in rund 250 Supermärkten Subunternehmen ein, neben Teamwork etwa SIG Instore Logistics GmbH und Kötter Services. Doch die Erfahrungen sind offenbar nicht immer gut.

Grundsätzlich gebe es die Tendenz, die Fremdverräumung wieder zu verringern, versichert das Unternehmen gegenüber dem *Stern*. In einem Test-Markt sollen die Regale künftig ausschließlich von Real-Mitarbeitern und außerhalb der Öffnungszeiten eingeräumt werden – um die »Geschäftsprozesse zu optimieren«, wie es offiziell heißt. Von Angestellten des Unternehmens erfährt man: Zu oft sollen die in der Nacht von Werkvertraglern eingeräumten Waren in den falschen Regalen gelandet sein.

Und die Bundesregierung? Sie sieht »keinen Handlungsbedarf«. Auf eine Anfrage der Linkspartei antwortete das Ministerium von

Ursula von der Leyen im Juli dieses Jahres: Hinweise auf eine systematisierte, missbräuchliche Nutzung von Werkverträgen zur Umgehung von tariflichen Standards lägen der Regierung nicht vor.

Nach einer Woche kündige ich bei Teamwork. Zum Abschied droht mir eine Mitarbeiterin am Telefon mit juristischen Folgen und Schadensersatz. Ich müsse die Kündigungsfrist von zwei Wochen einhalten und zur Arbeit kommen. Ich schicke daraufhin eine zweite Kündigung – außerordentlich und fristlos. Dem Grund, den ich nenne, haben auch die Teamwork-Juristen nichts entgegenzusetzen: 6,50 Euro – dieser Lohn ist sittenwidrig.

Mein Monat mit Hartz IV

Von Sebastian Pantel

Im Oktober 2010 lebte Sebastian Pantel vom Regelsatz eines Hartz-IV-Empfängers. Der Regionalreporter des Konstanzer *Südkurier* wollte selbst erleben, wie es sich anfühlt, mit der »Grundsicherungsleistung für erwerbsfähige Leistungsberechtigte« zu leben. In seinem Blog http://hartz4monat.wordpress.com/ berichtete er live von den Erlebnissen und Begegnungen.

Dort sind zusätzlich zu diesem Text die Begegnungen mit den Menschen nachzulesen, die Sebastian Pantel im Zuge seiner Recherche getroffen hat.

Geld – und sonst?

Heute habe ich mir bei der Bank 364 Euro auszahlen lassen. Wenn die Koalition ihren Entwurf durchbringt, wird das ab dem kommenden Jahr der Regelsatz für einen allein lebenden Hartz-IV-Empfänger sein. Ich werde versuchen, einen Monat lang von diesen 364 Euro zu leben. Funktioniert das? Muss ich jetzt nur noch beim Discounter kaufen? Wird sich mein Blick auf den Alltag verändern?

Natürlich kann das Ganze nur gemogelt sein. Ich werde nicht für einen Monat in eine »angemessene« Wohnung ziehen. Ich werde nicht mein Auto verkaufen. Ich werde weiter jeden Tag zur Arbeit in mein *Südkurier*-Büro gehen. Ich starte den Versuch mit einem gefüllten Kleiderschrank, einer eingerichteten Wohnung – und ich weiß, dass nach 31 Tagen alles vorbei sein wird.

Was ich also nicht erleben werde, ist das, was viele Hartz-IV-Empfänger als so belastend beschreiben: die Auseinandersetzungen mit Amt und Fallmanager. Die Blicke der Nachbarn. Das Gefühl, abgestempelt zu sein. Die Lebensleere. Alles also, was die Seele betrifft. Ich werde vor allem übers Geld schreiben können.

Schreck

Der erste Schreck am Morgen des ersten Tags mit Hartz IV. Ich rechne aus, was ich laut Regelsatz heute für Essen und Getränke ausgeben darf. Ergebnis: 4,14 Euro. Wie soll das gehen? Bisher habe ich unter der Woche allein für das Mittagessen mit den Kollegen täglich zwischen neun und elf Euro bezahlt. Ich habe mich für die nächsten 31 Tage abgemeldet. Heute Mittag werde ich einkaufen gehen, für heute und das Wochenende. Das sind dann 12,42 Euro.

Discounter

Ich habe mich soeben durchs Aldi-Angebot getastet wie durch einen dunklen Wald. Ich war schon ewig nicht mehr hier und finde mich nicht zurecht. In den vergangenen Jahren bin ich zum Bioladen-Käufer und Marktgänger geworden. So irre ich nun durch die Regalreihen auf der Suche nach dem Nötigsten. Aber was ist das Nötigste? Ich muss irgendwie mit 12,42 Euro übers Wochenende kommen. Also Brot. Nudeln. Tomatensoße. Mehl. Milch. Wurst und Käse. Marmelade. Butter. Eier. Hähnchenschnitzel. Ich überschlage grob im Kopf – und verrechne mich anscheinend. An der Kasse werden 14,48 Euro fällig. Und ich habe noch kein Gemüse gekauft. Dafür will ich morgen auf den Markt gehen und Preise vergleichen. Ich rede mir ein, dass einiges vom Gekauften länger halten wird als bis Sonntag, dass ich also doch so halbwegs hinkommen werde. Wir werden sehen.

Inzwischen erreichen mich zahlreiche Mails und Anrufe von Menschen, die mir von ihrem Leben mit Hartz IV erzählen wollen. Ich hatte mit Rückmeldungen gerechnet – aber nicht so bald und nicht mit so offenen Reaktionen. Also werde ich in den nächsten Tagen viel durch die Region fahren. (Ja, ich weiß – mit dem Auto. Als wirklicher Hartz-IV-Empfänger wären mir diese persönlichen Kontakte unmöglich.) Ich bin gespannt – und habe gleichzeitig großen Respekt vor den Gesprächen, vor der Wucht der persönlichen Begegnungen. Das ist vergleichbar mit dem Gefühl, in ein völlig fremdes Land zu reisen. Mit dem Unterschied, dass es in Wahrheit das Land ist, in dem ich lebe.

Grünzeug

Es gibt ja viele Klischees über Hartz-IV-Empfänger. Manchmal widersprechen sie sich. Zum Beispiel: Hartz-IV-Empfänger leben in spätrömischer Dekadenz. Und: Sie essen den ganzen Tag nur Junkfood und leben von Discountern mit den vier Buchstaben. Also mache ich den Preisvergleich. Funktioniert es, sich von 4,14 Euro am Tag gesund und verantwortungsvoll zu ernähren? Bei Obst und Gemüse heißt die klare Antwort: Nein. Dass die Preise zwischen Aldi-Gemüsekiste und Markt-Gemüsekiste so unterschiedlich sind, war mir nicht klar. Ein Kilo Kartoffeln bei Aldi: 46 Cent. Auf dem Markt: 1,20 bis 1,50 Euro. Das ist das Dreifache. Paprika: 1,58 Euro pro Kilo hier, 4 Euro da. Zucchini: 1,19 gegen 2,50 Euro. Äpfel: 90 Cent gegen 1,50 Euro. Karotten: 55 Cent gegen 1,50 Euro. So kaufe ich meine Wochenend-Ration Obst und Gemüse beim Discounter. Äpfel, Paprika und Zucchini für insgesamt 1,70 Euro.

Ach ja. Und dann lese ich heute in der Zeitung (die ich natürlich auch eigentlich abbestellen müsste), dass in Friedrichshafen nun in den Kirchen Kisten für Lebensmittel- und Sachspenden stehen, die an die Tafel gehen. Der Grund: Die Supermärkte fahren ihre Spenden radikal zurück. Bei 4,14 Euro am Tag bleibt vielen Bedürftigen aber nur der Gang zur Tafel. Bei den dortigen Preisen kann man überleben. Das Netz der Tafeln in Deutschland wird immer dichter. Es bildet so einen Nahrungsmittel-Schattenmarkt für die Unterschicht, der auf freiwilliger Arbeit und Spenden basiert. Ob die Koalition diesen Markt des Mitleids bei der Berechnung ihres 4,14-Regelsatzes gleich mitkalkuliert hat?

10 Regeln ...

... für ein Leben mit Hartz IV:

1. Schuhe und Kleidung tragen, bis sie auseinanderfallen.
2. Etwaige (Zeitungs-)Abonnements kündigen.
3. Auf alle (Kultur-)Veranstaltungen verzichten.
4. Alkohol und Zigaretten abgewöhnen.
5. Im Discounter immer nach Sonderangeboten suchen.
6. Nicht hungrig einkaufen gehen.
7. Möglichst zu Hause bleiben.
8. Zwei Mahlzeiten am Tag. Fleisch höchstens zweimal im Monat. Wenig Obst und Gemüse.
9. Geburtstag, Ostern, Weihnachten ignorieren und an diesen Tagen normal weiterleben.
10. Nie den Kopf hängen lassen. Wer das tut, geht unter.

Diese zehn Regeln stammen von einem langjährigen Hartz-IV-Empfänger, den ich am Sonntag in Villingen auf einem ausgestorbenen Edeka-Parkplatz traf. Später mehr zu diesem Zwei-Stunden-Gespräch und einem vorhergehenden, ebenso langen mit einem anderen Betroffenen in einer kleinen Stadt im Kreis Konstanz. Noch ein guter Satz: »Hinter jeder Zahl verbirgt sich ein Mensch.« Das werde ich diesen Monat in meinen zahlreichen Gesprächen lernen müssen. Bequem ist diese Wahrheit nicht. Aber heilsam.

Jobcenter

Heute habe ich mit dem Leiter des Konstanzer Jobcenters gesprochen, Ignaz Wetzel. Vor dem Hintergrund der langen Gespräche, die ich am Tag der deutschen Einheit mit zwei Hartz-IV-Empfängern geführt habe, hatte ich allerlei Fragen. Zum Beispiel die, warum sich viele Bedürftige vom Amt so gegängelt und kontrolliert fühlen. »Die hohen Hürden verlangt der Gesetzgeber, um Missbrauch auszuschließen«, sagt Wetzel. Auf pauschale Aussagen mag er sich nicht einlassen – das unterscheidet ihn wohltuend von manchem Politiker. »Wir haben so viele Einzelfälle wie Kunden«, sagt Wetzel. »Die ganze Palette.« Heißt: die Hängemattenbewohner ebenso wie die wirklich Notleidenden. Welche Gruppe ist größer? Hier lässt sich der Jobcenter-Chef nicht festnageln. Einzelfälle also. Dann ist mein Ansatz nicht so schlecht, mit möglichst vielen Menschen zu sprechen. Mehr davon bald. Und morgen gehe ich wieder einkaufen.

Fehler und Regeln

Wer den Stift spitzt und im Gesetzentwurf der Koalition fleißig die Einzelposten des Regelsatzes addiert, der wundert sich. Beim Posten »Innenausstattung, Haushaltsgeräte und -gegenstände« ergibt die Rechnung nach Adam Riese 24,43 Euro. Der Entwurf kommt auf 27,41 Euro. Beim Posten »Verkehr«: 21,94 Euro gegen 22,78 Euro, die im Entwurf stehen. Weitere Fehler bei Freizeit, Wohnen, Sonstiges. Da höre ich auf zu rechnen. Sollte der Entwurf jemals in ein Gesetz übergehen, dann sollte sich vorher jemand mit einem funktionierenden Taschenrechner hinsetzen und noch mal gründlich sein. Solche Unstimmigkeiten führen zu Unsicherheit – und zu Frust nach dem Motto: »Jaja, so machen die da oben Gesetze«.

Andere Gesetze gelten längst – und sind trotzdem nicht bekannt. Den Hinweis verdanke ich einem Leser, der mich auf §35 SGBII hinwies.

Dort ist geregelt, dass Erben eines Hartz-IV-Empfängers, wenn dieser im Bezugszeitraum stirbt, die erhaltenen Leistungen an den Staat zurückzahlen muss. Es gibt zwar einen Freibetrag von 1700 Euro, die Ersatzpflicht bezieht sich »auf den Nachlasswert im Zeitpunkt des Erbfalles«, und für pflegende Angehörige gibt es einen deutlich höheren Freibetrag von 15.500 Euro. Auch wird ein langjähriger Hartz-IV-Empfänger kaum große Geldsummen vererben. Aber wenn er beispielsweise in einem eigenen Haus gelebt hat, das nun vererbt wird, dann haben die Erben das Nachsehen. Einfache Rechnung: Hat der Verstorbene vier Jahre lang pro Monat 700 Euro (Regelsatz, Miete und Heizkosten) erhalten, dann müssen die Erben fast 32.000 Euro an den Staat zurückzahlen. Nur gerecht oder Sippenhaft? Schon wieder ein Unterthema, bei dem man sich trefflich die Köpfe einschlagen könnte …

Fehler und Regeln II

Zuerst die neue Regel – oder zumindest der Plan. Die Koalition will Aufstockern, also Leuten, deren kleines Gehalt vom Staat aufgebessert wird, mehr zahlen – 20 Euro im Monat, wenn ihre Einkünfte 800 Euro übersteigen. Mit drei Effekten: Erstens etwas mehr Geld in der Tasche der Leute, die trotz minimaler Zuverdienste lieber arbeiten gehen, als zu Hause herumzusitzen. Zweitens eine steigende Zahl von Hartz-IV-Empfängern in der Statistik – wenn die Obergrenzen steigen, fallen mehr Leute unter die Aufstocker-Regel. Und drittens ein Signal an die Unternehmen, die Menschen zu Löhnen beschäftigen, von denen man nicht leben kann: Macht weiter so. Der Staat stockt auf. Auf der anderen Seite berechnet die Bundesagentur für Arbeit schon jetzt Kürzungen beim Elterngeld und Übergangsgeld von ALG I zu ALG II – und das, obwohl das Gesetz bisher nur ein Entwurf ist. So als ginge man davon aus, das alles sei schon beschlossene Sache.

Und noch ein Fehler. Aufregung gab es über Details in den Berechnungen in meinem Text im *Südkurier*. Zahlreiche Leser riefen an und fragten nach einzelnen Zahlen. Ein guter Hinweis kam auf einen Artikel in der *FAZ*. Hier rechnen die Kollegen die Sozialversicherungsbeiträge zum Regelsatz dazu, da der Staat diese ja für Hartz-IV-Empfänger zahle, für Niedriglöhner aber nicht. Fazit: Der gebotene und vom Paritätischen Wohlfahrtsverband bestätigte Lohnabstand sei ein Witz.

Rudolf Martens von der Paritätischen Forschungsstelle könnte bei diesen Berechnungen unter die Decke gehen. Trotzdem erklärt er ganz in Ruhe, warum sich Arbeit dennoch lohnt. Denn weder der Hartz-IV-Empfänger noch der Geringverdiener haben die Sozialversicherungsbeiträge jemals auf dem Konto und damit netto zur Verfügung. Die gebotenen (und tatsächlich vorhandenen) Abstände der Einkommen beziehen sich jedoch genau auf das, was am Ende im Geldbeutel landet. Und das ist beim Arbeitenden immer mehr als beim Hartz-IV-Empfänger.

So viel zur Politik. Ich bin morgen auf einen Geburtstag eingeladen. Eine Bring-a-bottle-Party. Ein Freund feiert, dem man auch etwas schenken möchte. Meine Monatsbilanz bringt das ziemlich durcheinander. Hingehen und zahlen – oder wegbleiben? Ich werde hingehen. In meinem Hartz-IV-Monat kann am Ende ruhig ein Minus herauskommen, auch wenn ich versuchen werde, möglichst auf null zu rechnen. In der Realität darf das nicht passieren. Da muss ich mir das Geschenk woanders absparen – oder zu Hause bleiben. So entsteht die soziale Vereinsamung, von der mir so viele Betroffene in der vergangenen Woche berichtet haben.

Erstaunlich

In meinen Gesprächen erfahre ich von Hartz-IV-Empfängern immer wieder Details aus ihrem Leben und vor allem dem Umgang mit Ämtern und Behörden, die mehr als erstaunlich, manchmal gar unglaublich sind. Einige Beispiele. Der Elternteil einer Empfängerin stirbt. Um zur Beerdigung fahren zu dürfen, die außerhalb der Stadt und auch des Landkreises stattfindet, muss eine Kopie des Totenscheins vorgelegt werden. Nach einem Tag muss die Empfängerin sich wieder zurückmelden.

Ein Empfänger mit chronisch schlechten Leberwerten wird zum Amtsarzt geschickt. Dieser bescheinigt mit Blick auf die Werte schwere Alkoholabhängigkeit – was nicht stimmt. Trotzdem muss der Mann einen Kurs bei der Suchtberatung absolvieren. Der Kursleiter ist irritiert, weil der Mann hier offensichtlich fehl am Platz ist. Doch der Kurs muss sein. Eine Empfängerin lebt in einer Wohnung, die zwar etwas größer ist als die erlaubten 45 Quadratmeter, aber dafür unschlagbar günstig. Sie muss dennoch ausziehen – in eine kleinere, dafür aber deutlich teurere Wohnung. Dem Gesetz ist damit Genüge getan – und der Staat übernimmt die höhere Miete. Ein Empfänger fragt bei einem Sachbearbeiter eine Sonderzahlung an – und erhält zur Antwort »Dafür gebe ich Ihnen mein Geld nicht.«

Die Tochter einer Empfängerin würde gern Zeitungen austragen, um damit ein Hobby zu finanzieren. Doch der Lohn würde angerechnet – und der Familie damit vom Regelsatz abgezogen. Die Mutter sagt: »So bekommt meine Tochter vom Staat beigebracht, dass sich Arbeit nicht lohnt«.

Ein Empfänger wohnt in einer Wohnung mit Auto-Stellplatz – ohne ein Auto zu haben. Der Stellplatz ist nicht anderweitig zu vermieten, der Vermieter will (verständlich…) sein Geld. Die 15 Euro für den Stellplatz werden nun dem Empfänger vom Regelsatz abgezogen. Ein Empfänger reicht seine Nebenkostenabrechnung ein. Vier Monate später ist das Geld für die Heizung noch nicht überwiesen. Der Empfänger muss sich Geld leihen, um den Vermieter zu bezahlen und nicht aus der Wohnung geworfen zu werden. Nachfragen beim Sachbearbeiter sind nicht möglich. Bei Dutzenden von Anrufen geht niemand ans Telefon.

Als der Empfänger daraufhin persönlich beim Amt vorbeigeht, wird er abgewiesen: »Sie haben keinen Termin.« Alles Einzelfälle, natürlich.

Sozialpass

Viele Hartz-IV-Empfänger beklagen, dass ihre Teilnahme am sozialen Leben wegen der knappen Haushaltskasse sehr eingeschränkt wird. Zahlreiche Kommunen versuchen, hier gegenzusteuern und sich lokale Lösungen zu überlegen. Beispiel Konstanz – hier gibt es einen Sozialpass, unter anderem für Hartz-IV-Empfänger. Damit gibt es Ermäßigungen in den Schwimmbädern, der Stadtbücherei, im Rosgartenmuseum, im Stadttheater und bei der Philharmonie, in Volkshochschule und Jugendmusikschule, bei den öffentlichen Verkehrsmitteln, bei Vereinsbeiträgen für Minderjährige und bei Angeboten der Frauenbeauftragten der Stadt.

Ein paar Zahlen. Von 2009 auf 2010 hat sich der Anteil der Pässe bei Hartz-IV-Empfängern in Konstanz von 15 auf gut 33 Prozent verdoppelt. Am Stichtag 31.12.2009 hatten 1265 der 3777 Berechtigten einen Sozialpass. Bei den Minderjährigen ist die Steigerung noch viel deutlicher: von 27 (Ende 2008) auf 434 (Ende 2009).

Was wird von den Passbesitzern besonders genutzt? Vor allem die Schwimmbäder, aber auch Stadtbücherei, Kulturangebote (in kleinerem, aber doch beträchtlichem Umfang) und Angebote der Volkshochschule. Sehr erfreulich: Ermäßigungen bei Vereinsbeiträgen und Jugendmusikschule kommen rund 250 Jugendlichen zugute. Damit zeigt die Stadt, wie sich die soziale Erblast zumindest mindern lässt. Natürlich kostet das – im Fall von Konstanz rund 170.000 Euro im Jahr. Was aber – andersherum betrachtet – nicht viel Geld ist, um das soziale Gleichgewicht in der Stadt zu verbessern und die kommunalen und kulturellen Angebote sowie das Vereinsleben für alle Bürger zugänglich zu machen.

Kinder und Bildung

»Die sollen wenigstens unseren Kindern eine Chance geben!« Diesen Satz habe ich jetzt mehrmals gehört, vor allem von Müttern, die Hartz IV beziehen, die meisten davon alleinerziehend. Mütter, die sich ein Bein ausreißen würden dafür, ihre Kinder aus der Hartz-Mühle herauszubekommen. Die ziemlich kreativ wirtschaften, um Söhnen und Töchtern ein Hobby zu ermöglichen, halbwegs vernünftige Kleidung zu kaufen, die auf Bildung setzen und es ziemlich häufig schaffen, dass die Kinder das Gymnasium beenden und ein Studium beginnen.

Dass Bildung und soziale Schicht in Deutschland unheilvoll eng aneinandergekoppelt sind, wird gern beklagt und von der Politik mit Förderprogrammen aller Art bedacht. Auf der anderen Seite zeigen Beispiele von Hartz-IV-Eltern, mit denen ich gesprochen habe, dass Behörden und Gesetze umgekehrt dafür sorgen, dass Kinder nur schwer dem Hartz-IV-»Fluch« ihrer Eltern entkommen. Auch wenn Ursula von der Leyen dieser Tage immer wieder betont, wie wichtig es sei, dass die Hilfe »unbürokratisch und zuverlässig« bei den Kindern ankomme. Ein paar Beispiele.

Für Schüler ist pro Schuljahr eine Summe von 100 Euro für Bücher, Hefte und anderen Schulbedarf vorgesehen. Diese 100 Euro werden aber nur bis zur 10. Klasse gezahlt. Warum? Ist das Abitur bei Hartz-IV-Kindern nicht vorgesehen? Kinder sollen Gutscheine von 10 Euro im Monat erhalten, um Musik- und Sportunterricht bekommen zu können. Was eine Einzelstunde Geigenunterricht kostet, steht dazu in keinem Verhältnis.

Die Kosten für Klassenfahrten werden übernommen – zusätzlich zum Regelsatz und auch für mehrtägige Fahrten. Eine Mutter stellte den Antrag für eine Abschlussfahrt ihrer Tochter am Ende der 10. Klasse. Es kam eine Ablehnung. Begründung: Die Klasse werde nach der Fahrt sowieso auseinandergehen, deshalb würden der

Tochter durch Nicht-Teilnahme an der Fahrt keine sozialen Nachteile im Klassenverband entstehen. Die Mutter erhob Einspruch – und das Amt lenkte ein. Was war also der Sinn der ersten Ablehnung? Vielleicht, dass der Schulverein einspringt und die Kosten übernimmt, die der Schülerin gesetzlich zustehen?

Der Sohn einer Mutter will studieren – im fernen Freiburg. Um sich das leisten zu können, hätte er BAföG beantragt. Das allerdings wäre auf den Regelsatz der Mutter angerechnet worden – und der Sohn hätte daheim wohnen bleiben und sich vor Ort einen anderen Studienplatz suchen müssen. Denn bis zum Alter von 25 ist der Sohn laut Gesetz Teil der Bedarfsgemeinschaft. Mit 25 hat man allerdings in der Regel heute sein Studium bereits beendet.

Der Sohn einer Hartz-IV-Empfängerin trägt während seines Abiturs Zeitungen aus und geht einen Abend in der Woche arbeiten – eigentlich um für den Führerschein zu sparen, den er für seine gewünschte Ausbildung benötigt. Von den Einnahmen darf er allerdings nur 120 Euro behalten, der Rest wird auf den Regelsatz des Haushalts angerechnet. Vom Amt kommt sogar noch die Frage: »Kann Ihr Sohn nicht noch mehr arbeiten? Dann käme ja noch mehr Geld rein.« Wohlgemerkt: während des Abiturs. Abgesehen davon: Studiengebühren? Sind Privatvergnügen. Dafür müssen aus dem Regelsatz Rücklagen gebildet werden. Schmales Gehalt im ersten Ausbildungsjahr? Wird angerechnet. Die Kinder tragen die Eltern mit. So schafft man es nicht, bald auf eigenen Füßen zu stehen. Ein Sohn geht studieren – und hat weiterhin Anspruch auf Kindergeld. Das aber wird der Mutter auf den Regelsatz angerechnet, obwohl es eigentlich ab dem 20. Lebensjahr dem (eigenständigen …) Sohn zusteht. Begründung: »Ihr Sohn kann ja am Wochenende zu Ihnen nach Hause kommen.«

Wie eine Mutter sagt: »Bildungsgleichheit in Deutschland gilt für viele. Aber nicht für Kinder von Hartz-IV-Empfängern.« Und das, obwohl eindeutig erwiesen ist, dass eine gute Bildung die beste Vorbeugung gegen Arbeitslosigkeit ist...

Zynismus – und Halbzeit

»Man wird irgendwann zum Zyniker«, sagte mir ein Hartz-IV-Empfänger in einem meiner ersten Gespräche Anfang Oktober. So langsam verstehe ich, was er meint. Heute zum Beispiel. Da sind die Zeitungen voll von Erfolgsmeldungen rund um das Herbstgutachten. Von einem rasanten Aufschwung sprechen die Experten: 3,5 Prozent Wachstum in diesem Jahr, weniger als 3 Millionen Arbeitslose 2011. Die Frage ist, für wie viele Hartz-IV-Empfänger das den dauerhaften Absprung bringen wird. Denn gleichzeitig mit dem Aufschwung wird die Zahl der Leih- und Zeitarbeiter ansteigen – vielleicht noch in diesem Jahr auf über 1 Million. Nach Ansicht der Gewerkschaften ist das eine Schattenarmee, die normale Beschäftigungsverhältnisse auf dem Arbeitsmarkt dauerhaft verdrängt.

Darüber hinaus rechnen die Experten damit, dass im Aufschwung auch die Löhne steigen und den Konsum in Deutschland ankurbeln werden. Auch das wird dann an Hartz-IV-Empfängern vorbeigehen. Ich merke selbst, wie sich mein Blick verändert. Werbebotschaften, die im Alltag so gegenwärtig geworden sind, dass sie einem ganz selbstverständlich vorkommen, kriegen plötzlich einen bitteren Tonfall. Im Fenster der Bank werde ich von einer lächelnden Frau mit Perlenkette aufgefordert, an die Bildung meiner Kinder zu denken und für deren Ausbildung einen Kredit aufzunehmen – den ich Hartz-IV-Empfänger niemals bekommen werde. Die Liste lässt sich immer weiter fortsetzen. Flachbildfernseher, Handy-Tarife, Last-Minute-Reisen, Körperpflege, Wellness-Angebote, aktuelle Wintermode, Freiheit, Luxus, Wohlgefühl.

All die Dinge, die unsere Volkswirtschaft am Laufen halten und mit denen und über die wir uns so gern selbst definieren: Der Nachfrage und der Wirtschaft tut's gut und damit auch dem Staat. Ja, der Wunsch nach all den Dingen kann ja sogar eine (und absolut nicht die schlechteste…) Motivation sein, arbeiten zu gehen, Geld zu verdienen und wieder auszugeben. Nur für die, die das auch gern tun würden, aber nicht können, weil sie auf dem Arbeitslosigkeits-Abstellgleis gelandet sind, ist das allgegenwärtige Werbeflackern wie das ständige Streuen von Salz ins verwundete Selbstwertgefühl.

Ach, übrigens: Heute ist Halbzeit. Mitte des Monats. Von meinen 364 Euro sind noch 173,11 Euro übrig. Deutlich weniger als die Hälfte. Bei Nachrichtenübermittlung, Gesundheit, Gaststätten und Wohnen habe ich den Regelsatz-Bedarf bereits überschritten. Ich bin gespannt, wie eng es gegen Ende wird.

Arbeitswille

Es tut mir leid – aber Hartz IV ist nun mal ein Thema, bei dem es oft um Zahlen geht. Bei den Zahlen entstehen die meisten Verwirrungen – und die meisten Fehleinschätzungen. Hier also einige Zahlen zu der Frage, wie viele Hartz-IV-Empfänger eigentlich arbeiten könnten, zumindest theoretisch.

In Baden-Württemberg sind knapp 360.000 von 500.000 Empfängern als erwerbsfähig eingestuft. Heißt umgekehrt: 140.000 (etwa ein Drittel) kann offiziell gar nicht arbeiten gehen, die meisten davon deshalb, weil sie zu jung sind (unter 15 Jhre). Von den 360.000 Erwerbsfähigen sind gut 90.000 (ein Viertel) tatsächlich erwerbstätig, beziehen aber trotzdem Leistungen über Hartz IV, weil der Lohn nicht ausreicht. Unter diesen 90.000 arbeiten 20.000 sogar Vollzeit. Fazit: 270.000 von 500.000 Hartz-IV-Empfängern, also nur gut die Hälfte, arbeiten nicht, obwohl sie theoretisch könnten. Wie viele davon wiederum gar nicht arbeiten wollen, lässt sich nicht beziffern. Der Eindruck meiner bisherigen Treffen ist jedenfalls: Der allergrößte Teil will.

Und noch ein paar bundesweite Zahlen: Von allen Hartz-IV-Empfängern sind 11 Prozent in Maßnahmen zur Eingliederung in den Arbeitsmarkt, also Schulungen, Kursen und so weiter. 10 Prozent arbeiten in Jobs mit mehr als 400 Euro Lohn, in denen das Geld allein trotzdem aufgestockt wird. 7 Prozent sind 58 Jahre und älter und nicht arbeitslos, 30 Prozent sind wegen Krankheit, Erziehung kleiner Kinder, Pflege von Angehörigen oder weil sie Schüler sind nicht erwerbsfähig. Das heißt: Nur gut 40 Prozent der Hartz-IV-Empfänger sind tatsächlich arbeitslos. Noch nicht eingerechnet sind die Menschen, die zwar offiziell erwerbsfähig sind, aber realistisch gesehen kaum eine Chance haben, auf dem Arbeitsmarkt Tritt zu fassen: Schwerbehinderte, Menschen mit starker gesundheitlicher Einschränkung, Menschen über 50, die trotz Hunderten von Bewerbungen keinen Job finden, weil sie für die Anforderungen ihrer Branche schlicht zu alt sind. Erst in der Gruppe, die dann noch übrig bleibt, kann man nach denen suchen, die sich in einem Leben mit Hartz IV einrichten. Auch wenn sie das nicht allzu offensichtlich tun können, da schnell die Bezüge gekürzt werden, in extremen Fällen bis auf null. Wer über »die« Hartz-IV-Empfänger und ihren »verdienten« oder »unverdienten« Regelsatz diskutiert, sollte diese Zahlen im Kopf haben. Dann diskutiert es sich einfach besser.

Macht Hartz IV krank?

Was war zuerst da: die Henne oder das Ei? Oder: Gerät man durch Krankheit schneller in die Arbeitslosigkeit – oder macht Arbeitslosigkeit krank? Wie es aussieht, stimmt beides – und verstärkt sich gegenseitig, je länger die Arbeitslosigkeit dauert. Sowohl die Techniker Krankenkasse als auch der Deutsche Gewerkschaftsbund liefern dazu Belege. Etwa: 35 Prozent aller Hartz-IV-Empfänger haben deutliche gesundheitliche Einschränkungen, sagt das Institut für Arbeitsmarkt- und Berufsforschung der Bundesagentur für Arbeit.

Menschen, die in ihrem Leben sowohl länger krank als auch arbeitslos waren, haben in Deutschland die niedrigste Lebenserwartung. Sprich: Arbeitslose sterben früher. Arbeitslose werden auch deutlich schlechter als Erwerbstätige von gesundheitlichen Präventionsmaßnahmen erreicht.

Da für Hartz-IV-Empfänger bei den Kassen keine Kostendeckung durch Krankenversicherungsbeiträge besteht, wirken Arbeitslose für die Kassen eher als Kostentreiber denn als Zielgruppe für Prävention – obwohl der Bedarf in dieser Gruppe von allen Versicherten am höchsten ist. Die DGB-Studie leitet aus all diesen Erkenntnissen verschiedene Ideen ab, die aber ziemlich unrealistisch erscheinen, wenn man sich die gängige Praxis im Umgang mit Hartz-IV-Empfängern anschaut. So sollen etwa die Kassen eng mit den Jobcentern zusammenarbeiten, was Prävention und Gesundheitspflege angeht. Vor allem die psychische Gesundheit soll gestärkt werden, weil ein selbstsicheres, stabiles, ausgeglichenes Auftreten die Chance auf einen Job erhöht. Der DGB rät auch, Arbeitslose nicht zu massenhaften Bewerbungen zu zwingen, sondern zu gezielten, aber dafür qualitativ hochwertigen. Hunderte von Ablehnungen seien schlecht für die psychische Stabilität. Die Gesellschaft dürfe Arbeitslose nicht ausgrenzen und mit Etiketten wie »faul« und »Schmarotzer« versehen. Auch das schlägt auf die Gesundheit der Betroffenen. Und schließlich: »Von Erwerbslosen (…) sollte im Hinblick auf ihr (Gesundheits-)Verhalten nicht mehr erwartet werden als von Menschen in stabilen Lebensverhältnissen.«

Am Rande: Ich bin seit einigen Tagen erkältet. Das hat natürlich nichts mit meinem Hartz-IV-Selbstversuch zu tun, sondern mit herumfliegenden Viren. Aber: Die im Regelsatz für Gesundheitspflege vorgesehenen 15,55 Euro sind mit einem Gang in die Apotheke bereits futsch: für die Basis-Ausstattung zur Erkältungsbekämpfung. Wie man mit dem Geld mehrere und hartnäckigere Krankheiten behandeln soll – keine Ahnung.

Kultursünden

Am Wochenende habe ich gesündigt. Ich war bei den Donaueschinger Musiktagen, die ich mir als »echter« Hartz-IV-Empfänger niemals hätte leisten können. Weder die Karten noch die Anreise bzw. Übernachtung. Damit ist, wenn ich ganz ehrlich bin, mein Selbstversuch eigentlich gescheitert. Natürlich versuche ich mir einzureden, dass das ja irgendwie auch eine dienstliche Reise war, da ich zwei Texte für den *Südkurier* über einige der Konzerte geschrieben habe. Aber wenn ich ganz konsequent wäre, hätte ich in diesem Jahr ablehnen müssen.

Und die nächste Sünde steht schon an. Ich singe in einem Konstanzer Chor (den monatlichen Mitgliedsbeitrag habe ich allerdings ordnungsgemäß eingerechnet). Im kommenden Jahr wird der Chor den »Sonnengesang« der Komponistin Sofia Gubaidulina aufführen. Dieses Werk wird kommenden Samstag gespielt – in Weingarten. Ich habe recherchiert und gerechnet, aber wenn ich erneut ehrlich wäre, dürfte ich nicht hinfahren. Mit öffentlichen Verkehrsmitteln dauert allein die Fahrt dorthin und wieder zurück fünf Stunden und sprengt das Budget für öffentlichen Nahverkehr im Regelsatz. Der Preis der Konzertkarte wäre noch drin – so gerade eben zumindest. Also: Wenn Kultur, dann nur vor der Haustür. Morgen gehe ich in Konstanz ins Theater. Da komme ich mit dem Rad hin und mit Sozialpass würde ich Ermäßigung auf die Eintrittskarte bekommen. Aber mehr als höchstens einmal im Monat geht das auch nicht. Kultur ist für alle da? Klar, rein theoretisch schon.

Nicht bloß eine Frage des Geldes

Ich hatte nicht geahnt, dass dieser Selbstversuch mir die Tür in eine traurige, absurde Parallelwelt aufstoßen würde. Eine Welt, die nach Meinung vieler Deutscher nur von Säufern, Faulenzern und Sozialbetrügern bevölkert ist. Ich habe gelernt – und dieses Lernen hat mich bis in den Schlaf verfolgt – wie falsch diese Meinung ist. 70 betroffene Menschen haben sich bei mir gemeldet, zehn von ihnen habe ich getroffen, sie haben schonungslos offen mit mir über ihr Leben geredet. Alles Einzelfälle, gewiss. Schlaglichter auf Ungerechtigkeiten am schummrigen Rand des Sozialstaates.

Und ein blinder Fleck. Denn natürlich hat sich niemand bei mir gemeldet, der die Sozialsysteme ausnutzt. Auch diese Hartz-IV-Empfänger gibt es. In der öffentlichen Debatte aber halten sie oft als negatives Abziehbild für alle her. Gleichzeitig ist der Ton der Diskussion hysterisch, die »spätrömische Dekadenz« eines Guido Westerwelle ist da nur ein krasses Beispiel. Das wird einem Großteil der Betroffenen nicht nur nicht gerecht – es verletzt sie auch tief. Die Würde des Menschen ist unantastbar? Nun ja, es kommt anscheinend darauf an, wie weit unten er steht.

Hinzu kommt ein geradezu fahrlässiger Umgang mit Fakten. Politiker, Meinungsbildner, Medien – auch höchst seriöse – jonglieren freihändig mit Zahlen und Behauptungen, um diese oder jene »Wahrheit« zu belegen. Im Grunde geht es dabei nur darum, sich von »denen da unten« abzugrenzen. Und zwar aus Selbstschutz. Um zu verdrängen, dass es auch sie unverhofft treffen könnte. Da fährt man lieber Fronten auf, Arbeitnehmer gegen Arbeitslose – obwohl beide Gruppen eigentlich eine sind und der Wechsel von der einen in die andere täglich hundertfach stattfindet.

Nötig wäre etwas anderes. Andere Fragen zu stellen als »Sind fünf Euro zu viel oder zu wenig?«. Zum Beispiel diese: Wie schaffen wir es, Druck auf Arbeitsunwillige auszuüben, ohne gleichzeitig Chancenlose mit diesem dauernden Druck zu zerreiben? Wie kann es sein, dass der Staat Unternehmen finanziell dabei unterstützt, Menschen zu Löhnen zu beschäftigen, von denen sie nicht leben können? Wie können wir Arbeitgeber an ethische Prinzipien und Steuerzahler an moralische Mindeststandards beim Umgang mit Leistungsempfängern erinnern? Und wie schaffen wir ein System, das Menschen wirklich in Arbeit vermittelt und nicht zum Wohle der Statistik in prekäre Jobs verschiebt oder sie gar in ihrer Eigeninitiative behindert? Also: Wie schaffen wir die Balance aus Fordern und Fördern? Und zwar nicht nur für »die da unten«, sondern für alle: Arbeiter, Firmenchefs, Aktionäre, Bildungsbürger, Politiker.

Das klingt unschaffbar. Aber es ist nötig. Während der Fachkräftemangel zunimmt, parken wir fähige Arbeitslose in staatlicher Fürsorge. Während Krisen Staat und Gesellschaft auf harte Proben stellen, nehmen wir in Kauf, dass ein Gemeinwesen sich selbst in Wertvolle und Wertlose spaltet, anstatt sich zu solidarisieren. Wir akzeptieren eine Politik und Bürokratie, die Menschen gängelt, statt für sie da zu sein.

Ach ja, und mein Selbstversuch. Er hat mich einiges gelehrt, aber er konnte nicht realistisch sein. Von meinen 364 Euro waren am Monatsende noch 30 Euro übrig. Weil ich keine Winterschuhe kaufen musste. Weil meine Waschmaschine nicht kaputt gegangen ist. Weil mir kein Amt Geld gekürzt oder die Zahlung verschleppt hat. Weil ich mit der kompletten Infrastruktur eines gut ausgestatteten Lebens in den Monat gestartet war. Der Lerneffekt? Man kann vom Regelsatz überleben. Gut leben kann man davon nicht. Und: Je länger Hartz IV dauert, umso schwerer wird es.

In meinen 31 Tagen bin ich nachdenklich geworden. Und intolerant. Nicht den Betroffenen gegenüber, aber denen, die eiskalt über ihre Köpfe hinweg diskutieren, ohne die Zahlen und Fakten und die Menschen dahinter zu kennen. Genau hinschauen ist eben mühsam. Blind nach unten treten ist einfach. Jeder kann selbst entscheiden, was er tut.

Unter Null. Die Würde der Straße

Von Günter Wallraff

Seit den 1960er-Jahren schreibt der Journalist Günter Wallraff Reportagen vom Rande der Gesellschaft. Er berichtete vom Alltag der Industriearbeiter im Ruhrgebiet, er ließ sich als Alkoholiker in einer psychiatrische Klinik einweisen, arbeitete als Reporter bei er *Bild*-Zeitung oder als Niedriglöhner in einer Großbäckerei und zuletzt als Paketausfahrer. Für sein Buch »Ganz unten« lebte er 1983 bis 1985 verkleidet als türkischer Gastarbeiter. Für die Reportage »Unter Null. Die Würde der Straße« lebte er in den kältesten Tagen des Winters 2008/2009 als Obdachloser in Köln, Hannover und Frankfurt am Main. Sie ist erstmals im *Zeitmagazin* erschienen, eine gleichnamige TV-Dokumentation lief im ZDF. Sie ist auch in Wallraffs Buch *Aus der schönen neuen Welt: Expeditionen ins Landesinnere* (Kiepenheuer & Witsch) zu lesen.

Heiligabend, kurz nach 17 Uhr, die Kölner Innenstadt ist wie ausgestorben, hier und da läuten Kirchenglocken. Der 24. Dezember sei der »gefühlt wichtigste Tag des Jahres«, hat der Juniorchef eines großen Kölner Verlagshauses in seiner Zeitung verkündet, aber mir ist alles andere als weihnachtlich zumute.

Der Pförtner in Kölns ältestem und größtem Nachtasyl, dem Johanneshaus in der Annostraße, wirft mir einen misstrauischen Blick zu. Vielleicht habe ich es auch übertrieben mit meiner Kleidung: Die zerschlissene, zehn Jahre alte Hose habe ich zusätzlich mit Löchern versehen und eine Jacke aus einer Kleidersammlung an einigen Stellen zerfetzt. Die klobigen, verschmutzten Schuhe sind Arbeitsschuhe aus meiner Zeit als türkischer Arbeiter »Ali« bei Thyssen in den

Achtzigerjahren. Die Hornbrille aus meiner Jugendzeit hilft mir bei der Verfremdung. Ich trug sie als 22-Jähriger, als ich ein halbes Jahr auf Tramptour die Nachtasyle Skandinaviens besuchte und meine erste Reportage über Deutschlands größtes Obdachlosenasyl, das Hamburger Pik As, veröffentlichte. Ich trage eine alte Reisetasche mit zusammengerollter Isomatte und einen Rucksack bei mir.

Mein Ausweis ist von einem Freund entliehen. Ich lernte ihn kennen, als ich hörte, es gebe einen Doppelgänger, der ständig mit mir verwechselt werde. Er tat mir den Gefallen, sich beim Einwohnermeldeamt wohnungslos zu melden. Dort bekam er einen Aufkleber in den Pass: »Ohne festen Wohnsitz«. Ohne diesen Aufkleber darf man nicht in Notunterkünften übernachten. Auch der Notfall hat seine Regeln. Die Bürokratie, das werde ich in nächster Zeit oft zu spüren bekommen, macht einem das Leben auch dann noch schwer, wenn man ganz unten angekommen ist.

Wieder bin ich unterwegs, doch diese Reise im Winter führt mich nicht in die Arbeitswelt, sondern in die Welt derer, die schon längst keinen Job und keine Wohnung mehr haben. Ich lerne Menschen kennen, die auf der Straße leben, manchmal in Nachtasylen unterkommen, die vom Betteln leben oder von dem einen oder anderen Gutschein eines Sozialamtes – vielfach verachtete Menschen. Menschen, die auch Angst machen. Denn sie scheinen uns zu zeigen, was geschieht, wenn alle sozialen und familiären Netze reißen. In den Zeiten der Krise wächst die Angst vor dem sozialen Absturz. Deshalb will ich mich bei denen umsehen, die anscheinend nichts mehr zu verlieren haben.

Mindestens 30 000 Menschen in Deutschland haben kein Dach über dem Kopf. Sie leben und übernachten auf der Straße, manchmal kreuzen sie in einer »Notschlafstelle« auf, dem, was wir üblicherweise als Obdachlosenunterkunft bezeichnen. Diese Menschen tauchen in keiner Statistik auf. Sie gehören auch nicht zu den »Wohnungslosen« in Deutschland, die in städtische Notunterkünfte eingewiesen wurden. Ihre Zahl liegt laut Bundesarbeitsgemeinschaft Wohnungslosenhilfe bei etwa 350 000 und es werden immer mehr, seit die Arbeitslosigkeit zunimmt. Das gilt gerade auch für Frauen und für jüngere Menschen.

Die Menschen, die wir gemeinhin als »Obdachlose«, »Trebegänger«, »Berber« oder mit menschenverachtendem Dünkel als »Penner« bezeichnen, heißen in der Amtssprache »Nichtsesshafte«. Sie sind die Nichtgröße der datenverliebten Bürokratie, die Gespenster des Elends, die aus allen Netzen Herausgefallenen. Um ihren Alltag kennenzulernen, quartiere ich mich über Monate in Obdachlosenunterkünften ein, in Köln, Frankfurt, Hannover, Koblenz und anderswo.

Im Johanneshaus ist ein etwa 20-Jähriger vor mir dran. Er kann sich kaum artikulieren, steht offenbar unter Drogen und lässt sich vom Mann an der Pforte widerstandslos hinauskomplimentieren: »Raus mit dir! Geh mit Gott, aber geh!« Mir gewährt er Einlass: »Anmeldung im ersten Stock!«

Ich bin nicht der Einzige, der an diesem Feiertag hier unterkommen will. Auf dem schmalen Gang sitzen oder stehen noch sechs andere traurige Gestalten. Alle tragen ihr Hab und Gut in Rucksack, Tasche oder Seesack bei sich und lassen es nicht aus den Augen. In der Annostraße, das hatte mir ein Obdachloser erzählt, müsse man alles »festnageln«, sonst werde es geklaut.

Hier auf dem Flur beim Warten lerne ich Helmut und Micha kennen, Vater und Sohn, beide seit vielen Jahren obdachlos und ein unzertrennliches Paar. Der Vater, 53, war über 20 Jahre Bierkutscher. Aber der Laden machte dicht, und Helmut wurde erst arbeits- und dann wohnungslos. Der Sohn von Helmut ist 34 Jahre alt und in Heimen aufgewachsen, denn die Familie brach auseinander, als er vier

Jahre alt war. Micha lernte Schlachter und zog sich bei der harten Arbeit einen Bandscheibenschaden zu. Er verlor seine Stelle und landete ebenfalls auf der Straße.

Vor drei Jahren wollte er in einer Grünanlage bei Aachen Quartier machen, einige Leute lagen da schon; er fragte, ob er sich dazulegen könne, und bekam die Erlaubnis. »So kam ich mit einem der Männer ins Gespräch«, erzählt er. Im Laufe der nächsten Stunden hätten sie bemerkt, dass viele Geschichten von früher irgendwie übereinstimmten. »Irgendwann haben wir uns erkannt und fielen uns weinend in die Arme. Wir werden uns nie mehr auseinanderbringen lassen.« Die beiden tragen seitdem die gleichen schlichten schwarzen Freundschaftsringe.

Ein etwa 50-Jähriger, dessen relativ adrette Kleidung auf den ersten Blick nicht auf Obdachlosigkeit schließen lässt, kommt kopfschüttelnd aus dem Aufnahmebüro und schimpft: »Jetzt soll ich nach Hamburg zurück, weil ich da wohnungslos gemeldet bin. Aber ich habe nicht mal Geld für die U-Bahn. Ist ihnen egal, sie meinen, länger als drei Tage dürften sie mich als Ortsfremden hier nicht aufnehmen.«

»Was hat dich denn nach Köln verschlagen?«, frage ich.

»Meine Tochter hat mich eingeladen, bei ihr Weihnachten zu feiern. Aber ihr neuer Partner, der ihr die Wohnung finanziert, will keinen Penner in seinem Haus. So bin ich hier gelandet.« Er erzählt noch, dass er technischer Zeichner gewesen und sein Arbeitsplatz nach 25 Jahren wegrationalisiert worden sei. »Dann das Übliche. Drei Jahre Arbeitslosengeld, dann Hartz IV. Ich konnte die Miete nicht mehr bezahlen. Zwangsräumung. Über hundert Bewerbungen. Aber in meinem Alter und ohne feste Adresse? Chancenlos.«

»Und jetzt?«

»Ich habe einen Schlafsack dabei und könnte Platte machen [d. h. im Freien übernachten]. Aber da habe ich mir schon mal eine Lungenentzündung geholt. Also werde ich wohl ohne Fahrschein nach Hamburg fahren. Sollen sie mich ruhig erwischen, da komme ich als Wiederholungstäter über den Winter für ein paar Monate in den Knast.«

Ich habe »Glück« bei der Aufnahmeprozedur. Ich will erst mal nur für eine Nacht aufgenommen werden. Der Angestellte schüttelt zuerst den Kopf: »Sie können nicht nur eine Nacht bleiben. Das geht nur bei Ortsfremden.« Das verstehe ich nicht. Aber wenn er mich länger hier haben will, nun gut, dann bleibe ich halt über die Weihnachtstage und »feiere« auch noch Neujahr hier. Das ist dem etwa 50-Jährigen, gutmütig dreinschauenden Sozialarbeiter aber wieder zu viel und er entscheidet: »Ich drücke ein Auge zu. Das dürfte ich an und für sich nicht. Wer nur eine Nacht schläft, gilt als Tourist. So sind die Regeln.«

Die »Regeln« sind allerdings von Stadt zu Stadt verschieden und nicht leicht zu durchschauen. Und auch in Köln sind sie nicht so, wie es mir der freundliche Angestellte erklärt hat. Offiziell gibt es keine Mindestaufenthaltsdauer. Allerdings ist der Aufenthalt begrenzt hier auf fünf Tage im Monat, davon drei Tage am Stück. Will man häufiger die Nacht in einem Haus verbringen, muss man sich entweder fest in eine städtische Notunterkunft einweisen lassen (mit Vertrag und allem Drum und Dran), also die Stufenleiter zum »Wohnungslosen« hinaufklettern – oder weiter »nicht sesshaft« bleiben und wechselnde Asyle aufsuchen. Oder auf der Straße übernachten.

Während der Angestellte auf das Foto im Ausweis meines Doppelgängers starrt, fragt er unvermittelt: »Kennen Sie einen Herrn Wallraff?« Ich befürchte schon, enttarnt zu sein, bevor es überhaupt anfängt, und tue so, als wüsste ich nicht, wovon er spricht. Dann wiederholt er mit Nachdruck und schaut mich dabei durchdringend an: »Kennen Sie den Wallraff?«
»Nee, wer soll das sein?«, antworte ich unschuldig.

Manfred, Softwareunternehmer (eine Begegnung im Johanneshaus)

Ich hatte eine kleine Computerfirma mit zehn Angestellten. Wir haben Systeme für Großfirmen programmiert. Eine dieser Firmen, Zulieferer für Audi-Ersatzteile im Raum Stuttgart, hat mich um 1,2 Millionen Euro gebracht. Dieser Firma wurde wegen Subventionsbetrugs der Prozess gemacht. Der Staat hat als Erster zugegriffen. Ich habe für meine Arbeit nichts mehr bekommen. Stattdessen wurde ich wegen Insolvenzverschleppung verurteilt, weil ich zu lange versucht hatte, meine Firma, mein Lebenswerk, zu retten. Den wahren Zustand hatte ich verschleiert. Ich habe fünf Monate gesessen. Nach der Haft hatte ich nichts mehr, keine Wohnung, Geld sowieso nicht. Seitdem, seit einem Jahr, kenne ich Obdachloseneinrichtungen.

Ich habe von Nord nach Süd in der gesamten BRD versucht, Arbeit zu finden. Aber das ist natürlich schwer: ein vorbestrafter Diplom-Ingenieur! Der stellt doch nur noch ein Sicherheitsproblem dar.

Früher war ich in meiner Heimatstadt im Kirchenvorstand, hatte ehrenamtlich für die »Tafel« Essen ausgefahren. Jetzt habe ich oft nicht mal den einen Euro, den man als Bedürftiger bei der Tafel zahlen muss. Und musste erleben: Man hat mich stehen lassen. Ich habe nichts gekriegt.

Manchmal habe ich draußen geschlafen. Wenn in einer Übernachtungseinrichtung kein Platz frei war und die nicht bereit waren, mit Notbetten zu helfen, dann stand ich da. Zuletzt in Karlsruhe. Bin die ganze Nacht rumgelaufen.

Eins der schlimmsten Erlebnisse war Frankfurt, das Containerdorf im Ostpark. Vier Leute in einem Minicontainer! Jeder Hund hat mehr Platz. Zwei Doppelstockbetten – wenn man oben liegt, hat man ungefähr 30 Zentimeter Platz bis zur Decke –, ein Tisch, der ist festgeschraubt, zwei Hocker. Das heißt, nur zwei Mann können gleichzeitig essen. Der Ort ist verrufen, weil die Menschen da wie in einem Lager gehalten werden.

Aber ich habe dort auch sehr schöne Sachen erlebt. Es war wie in einer urchristlichen Gemeinde, die Leute haben alles untereinander geteilt. Man musste einfach teilen, es ging nicht, dass sich einer hinsetzte und aß, und die anderen schauten nur zu. Dieser Zusammenhalt war erstaunlich und man hat's irgendwie fast nicht geglaubt, dass es so etwas heutzutage noch gibt.

Was schlimm war: München. Da habe ich bei der Heilsarmee geschlafen, am Sendlinger Tor, mit 16 Leuten in einem Raum, im Keller. Man bekam eine Bettkarte, auf meiner stand drauf »Keller 1«. Da war kein Fenster drin, gar nichts, nur ein Lichtschacht mit Glasbausteinen. Hygiene? Man musste zum Waschen oder Duschen fast nackt 20 bis 25 Meter über den Hof laufen. Man konnte dort nämlich nicht einmal seine Sachen aufhängen.

In Frankfurt hab ich einen Sparkassendirektor kennengelernt, der durch eine Scheidung plötzlich abgestürzt ist. Der das nervlich nicht verkraftet hat. Auch ein Maschinenbauer war mit uns im Container. Ich hab Menschen aus allen Berufsschichten kennengelernt, vom Bäckermeister bis hin zum Koch. Viele hatten ihr gesamtes Hab und Gut verloren, waren psychisch am Ende. Auch ein Arzt war dabei, der seine Approbation verloren hatte, wegen Alkohol. Ein Problem, das durch die Regeln in den Notschlafstellen sogar noch verschärft wird. Es gibt einen Begriff dafür, »fest machen«. Das heißt, wenn man eine feste Unterkunft haben möchte, muss man mindestens Drogen- oder Alkoholprobleme vorweisen. Tatsächlich fangen welche genau deshalb an zu trinken! Absurd.

Früher hatte ich zu alldem natürlich eine andere Meinung. Man lässt sich anstecken von diesen sogenannten Grundsätzen: »Wer nichts leistet, der ist Abschaum« und so weiter. Obwohl ich mich ja sozial engagiert habe. Aber das war so eine Art Ablassbrief. Das eigentliche Problem habe ich nicht hinterfragt. Seitdem ich selbst obdachlos bin, weiß ich, wie schnell man da reingerät.

Zum Glück betritt in diesem Moment ein neuer Kandidat das Büro und lenkt den Sozialarbeiter ab. Dann wendet er sich wieder mir zu und stellt die wohl üblichen Fragen: »Wieso sind Sie wohnungslos?« – »Wo übernachtet in der letzten Zeit?« – »Wovon leben Sie?« Ich antworte offenbar zu seiner Zufriedenheit, meine Frau hätte mich rausgeschmissen, geschlafen hätte ich draußen und gelebt hätte ich vom Betteln. Der Angestellte schließt die Registrierung ab. Ich bekomme einen Platz in einem Vierbettzimmer zugewiesen.

Einst war das Johanneshaus mit seiner demütigenden Atmosphäre berüchtigt, es hieß, man hole sich da die Krätze, Ungeziefer krieche durch die Räume. Auf den ersten Blick scheint es hier aber sauber zu sein und man hat mir frische Bettwäsche gegeben (vor Weihnachten ist immer Großreinemachen angesagt). Es bleibt die Trostlosigkeit des kahlen Raumes mit seinen vier Betten, die Luft ist verqualmt und überhitzt.

Mario M., 31, ist mein Bettnachbar. Er hat sich vor zehn Jahren mit HIV infiziert. Die Krankheit ist ausgebrochen, heute lassen ihn die ständigen Schmerzen kaum mehr schlafen. Ich helfe ihm, sich aufzurichten. Mit tonloser Stimme erzählt er mir in dieser »heiligen« Nacht aus seinem Leben: »Gestern haben sie mich nach zweiwöchigem Aufenthalt aus dem Krankenhaus entlassen. Ich war nur am Husten, habe Blut gespuckt. Vor einem Jahr war ich schon mal drin, hatte einen Abszess an der Wirbelsäule. Der war so groß wie eine Pampelmuse. Da hat man mich in der Uniklinik aufgeschnippelt und sie haben mir ein Metallgitter reingepflanzt, damit der Knochen daran wieder hochwachsen kann. Ich hatte einen Schlauch im Rücken, der war so fett wie mein kleiner Finger. Ich lag vier Tage im künstlichen Koma. Als ich wach wurde, habe ich nur noch geheult.«

Mario ist gelernter Friseur. Er arbeitete in einigen noblen Kölner Friseursalons zur Zufriedenheit der Kunden, bis er eine Stammkundin mit einer Bemerkung vergrätzt habe und ihm daraufhin fristlos gekündigt worden sei. »Danach begann mein Absturz. Arbeit verloren, konnte die Miete für meine Wohnung in der Innenstadt nicht mehr bezahlen. Rausgeklagt. Dann ein Jahr lang am Aachener Weiher im Freien gepennt, unter einer Trauerweide.« Marios größter Wunsch: »Eine feste Bleibe, und wenn's nur ein ganz kleines Zimmer ist. Das wäre super.« Er darf wie alle anderen im Monat maximal fünf Tage in der Annostraße übernachten und kann erst von 18 Uhr an ins Obdachlosenheim, morgens um neun wird er wieder vor die Tür gesetzt. An den anderen Tagen wird er von Einrichtung zu Einrichtung geschoben. Eigentlich braucht Mario ständige Pflege und Betreuung. Aber die Plätze in den Einrichtungen sind rar und jetzt sind erst mal Feiertage, die Ämter bleiben geschlossen. Mario sagt, er hätte es vorher nicht mehr geschafft, sich um eine längere Aufnahme in den Billigunterkünften der Stadt zu kümmern; aber er wäre ohnehin überfordert, die notwendigen Behördengänge zu erledigen und die Anträge auszufüllen.

Mario ist mit zwölf ins Heim geflohen, weil ihn sein Stiefvater ständig geschlagen hatte. »Das mag ich gar nicht erzählen, sonst fang ich wieder an zu heulen«, meint er und erzählt dann doch, dass der Stiefvater auch seinen sechsjährigen Bruder und seine Mutter immer wieder übel zugerichtet habe. Zu seiner Mutter hat er heute wieder Kontakt. Aber er will nicht bei ihr wohnen; sie wäre mit der Pflege und den Kosten überfordert.

Es ist kurz vor 3 Uhr in der Nacht, als Mario mit seiner Erzählung zu Ende ist. Er bietet mir noch an, meine langen wilden Haare ein bisschen eleganter zu schneiden. »Vorne, das Gesicht, das bleibt. Aber

die Seiten würde ich dir ein bisschen kürzen. Fasson. Aber nicht mehr als fünf Zentimeter.« Dann meint er, ich käme ihm doch irgendwie verdammt bekannt vor: »Du erinnerst mich an irgendeinen Schauspieler.«
»Aus welchen Filmen denn?«, will ich wissen.
»Ich glaub, aus so Krimis. Eher so 'n Bösewicht.« Wir sagen uns Gute Nacht.
Ich versuche später, Mario wiederzufinden. Das ist schwierig, die Behörden haben sich offensichtlich auch weiterhin nicht veranlasst gesehen, ihn menschenwürdig unterzubringen. Monate später finde ich ihn dann in einem Wohnheim der Kölner Aidshilfe, die ihn für ein Jahr aufgenommen hat. Er erzählt, dass er am Neujahrstag von der Polizei in der Annostraße abgeholt wurde, um eine zweimonatige Gefängnisstrafe anzutreten. Der Grund: Er konnte eine Geldstrafe wegen wiederholten Schwarzfahrens nicht bezahlen.

Schöne Bescherung

Am nächsten Tag mache ich mich auf zum Hauptbahnhof. In der Zeitung habe ich gelesen, dass der Kölner Oberbürgermeister Fritz Schramma (CDU) am ersten Weihnachtstag höchstpersönlich Obdachlose und Bedürftige mit Wildschweinbraten verköstigen will. Ich reihe mich ein in die lange Schlange, die sich seit 11 Uhr morgens vor der Eingangstür des Sozialdienstes Katholischer Männer (SKM) neben dem Hauptbahnhof gebildet hat.

»Wen ich kenne, der kommt zuerst rein«, stellt der ehrenamtliche Türsteher, ein Sportdozent, klar, als der Pulk Frierender nach einer Stunde zu drängeln beginnt. »Wir wussten nicht, dass ihr diesmal so viele seid, aber keine Sorge, keiner wird leer ausgehen«, beschwichtigt er. »Wer fertig gegessen hat, kommt raus, dann kann der Nächste rein.« Er scheint hier sehr viele persönlich zu kennen, denn erst nach fast zwei Stunden Wartezeit werde ich mit zwei anderen eingelassen.

Der Kölner OB serviert zusammen mit seiner Frau das Drei-Gänge-Menü. Das Essen schmeckt. Die beiden sind ständig in Bewegung; man merkt ihnen an, dass diese christliche Geste von Herzen kommt. Meine Tischnachbarin, eine gut 50-jährige, deren gepflegtes Äußeres (noch) nicht verrät, dass sie seit einem halben Jahr obdachlos ist, überschlägt sich vor Dankbarkeit: »Das ist ja wie im Sechssternehotel, wie unser Oberbürgermeister das hier macht!«

»Hat jeder sein Hauptgericht bekommen?«, fragt der Bürgermeister. Dann reicht er mir den Nachtisch und schaut mich dabei freundlich an. Zum Glück erkennt er mich nicht, obwohl er mich vor nicht allzu langer Zeit zusammen mit Salman Rushdie bei einem Empfang getroffen hat. Ich nehme die Gelegenheit wahr und stelle ihm eine Frage. Zwei Wochen zuvor war nämlich bekannt geworden, dass sein Parteifreund, Nordrhein-Westfalens Ministerpräsident Jürgen Rüttgers, 1,1 Millionen Euro für Obdachlosenprojekte aus dem Landeshaushalt gestrichen hat. »Wie kann er das verantworten, wo immer mehr Menschen arbeitslos werden und auf der Straße landen? Ist das denn christliche Politik?«

Ich hatte gehofft, der Oberbürgermeister würde ohne Presse und Öffentlichkeit die Parteiräson einmal beiseitelassen. Aber er weicht aus: »Ich kann das jetzt nicht im Einzelnen erklären. Jedenfalls ist mit dem Geld viel Mist gemacht worden. Außerdem hat die Stadt so viele Angebote, dass eigentlich niemand obdachlos sein muss.« Eine kühne These bei geschätzten 200 bis 300 Menschen, die in Köln auf der Straße leben, und weniger als 100 Betten in den Nachtasylen.

Dann wird er wieder weihnachtlich: »Ich möchte euch jetzt allen schöne Feiertage wünschen. Für jeden gibt's jetzt noch eine Weihnachtstüte mit schönen Sachen drin. Wem die Sachen nicht passen, der kann ja mit anderen tauschen.« Mit Handschlag überreicht er mir eine Geschenktüte von Galeria Kaufhof. »Ich freu mich drauf!«, steht drauf. Ich bedanke mich und ziehe als Erstes eine edle schwarze Jeans von Pierre Cardin aus der Weihnachtstüte. Mehrfach preisreduziert, wie ich feststelle, zuletzt auf 25 Euro. Vielleicht liegt es an der Größe. »Size 66«, da passen zwei von meiner Sorte rein. Normalerweise trage ich Größe 32. Ich würde die Hose natürlich gern tauschen oder verschenken, aber auch in den kommenden Wochen wird mir kein derart umfangreicher Obdachloser begegnen. Das Gebäck, das mir dann entgegenkrümelt, entsorge ich vorsichtshalber. Das Haltbarkeitsdatum liegt ein halbes Jahr zurück.

Die Zuständigkeitsfrage

Am ersten Weihnachtstag, ich bin auf der Suche nach einem Schlafplatz – ich will »Platte machen« –, treffe ich gegen 21 Uhr vor dem Kölner Hauptbahnhof einen jungen Mann. Tränen laufen ihm übers Gesicht, er macht einen verwirrten Eindruck und kann sich kaum verständlich machen. Das Hemd ist ihm aus der Hose gerutscht, er zittert vor Kälte. Stockend berichtet er, dass er aus einem Heim für betreutes Wohnen in Bad Honnef, einem Städtchen 30 Kilometer südlich von Köln, weggelaufen sei, seit drei Tagen auf der Straße schlafe und in der letzten Nacht ausgeraubt worden sei.

Ich hake ihn unter und gemeinsam suchen wir die Bahnhofspolizei auf. Dort nennt er seinen Namen, Thomas S., und sein Geburtsdatum. Der Polizist schaut in den Computer: »Also, unter dem Namen ist er nicht gemeldet. Da können wir dann leider nichts machen.«
»Aber er braucht dringend Hilfe«, wende ich ein, »es ist Frost angesagt für heute Nacht.«
»Tut mir leid«, wehrt der Polizist ab. »Sie können ja mal zur Bahnhofsmission mit ihm gehen, die sind für solche Fälle zuständig.«

Am Gleis 1 finden wir die Bahnhofsmission und schauen durch die Fenster. Auf unser Klopfen öffnet ein Bärtiger vorsichtig die Fensterluke und mustert uns. Als ich nach einer Unterkunft für den Hilflosen frage, wird er ungehalten: »Was fragen Sie denn jetzt um diese Uhrzeit! Ich meine, der Tag hat 24 Stunden! Ich verstehe so was einfach nicht. Der Mann ist seit gestern hier und heute auch schon da rumgeturnt.« Ich appelliere an sein Mitgefühl: »Aber er kann unmöglich draußen schlafen, er hat keinen Schlafsack und ist nur leicht bekleidet. Da erfriert er noch. Und schließlich ist Weihnachten.«

Der Diensthabende bleibt ungerührt: »Na, der wird ja nicht gleich ... Wenn er sich tagsüber nicht an die entsprechenden Stellen wendet, können wir jetzt auch nichts mehr machen.« Er ist der Ansicht, die Polizei sei zuständig. Mein Hinweis, dass die uns gerade zu ihm geschickt habe, interessiert ihn nicht. Der Mann beendet das Gespräch und schließt sein Fenster.

Also zurück zum SKM, wo ich mittags meinen Wildschweinbraten genossen habe. Die Eingangstür ist verschlossen. Eine junge Frau kommt dazu, sie spricht kaum Deutsch, auch kein Englisch. Aus Russland komme sie, so viel kann ich verstehen. Und dass sie durch die Stadt geirrt und nirgends untergekommen sei, entnehme ich ihren Gesten.

Nach einigem Suchen finden wir die Sprechanlage, eine jüngere Frauenstimme antwortet. Weil ich weiß, dass der SKM am Hauptbahnhof ausschließlich Suchtkranke betreut, behaupte ich, mein orientierungsloser Freund sei drogenabhängig und die junge Russin auch. Die Mitarbeiterin des SKM will uns nicht einlassen, immerhin rückt sie zwei Adressen raus. Dort könnten die beiden wohl noch unterkommen. Thomas soll in das sogenannte Notel in der Viktoriastraße, in der Nähe des Bahnhofs. Die Russin könne ins Elisabeth-Fry-Haus, eine Notaufnahmestelle speziell für Frauen, etwas weiter weg.

Mittlerweile weht der Wind immer eisiger über den Bahnhofsvorplatz. Einige Reisende hasten zu den Taxis, eng in ihre Mäntel oder Jacken gehüllt. Es ist 22:30 Uhr, um 23:00 Uhr schließen die beiden Heime.

Ich missachte wieder mal den vielfach bemühten Leitsatz des Vorzeigejournalisten Hajo Friedrichs, der da lautet: »Sich nicht mit einer Sache gemeinmachen, auch nicht mit einer guten«, und begleite ganz unjournalistisch die beiden abgerissenen Gestalten zum Taxistand. Die Adressen der Heime notiere ich auf einem Zettel und will ihn einem Taxifahrer reichen. Er schaut uns angewidert an und weigert sich, die beiden zu befördern. Der zweite reagiert ähnlich und murmelt, er kenne die Adressen nicht. Im dritten Taxi lässt eine Frau die Scheibe herunter. Sie wirft einen Blick auf unsere nicht gerade weihnachtliche Kleidung und winkt ebenfalls ab. Da versuche ich es mit einer Notlüge. Sehr energisch sage ich: »Ich warne Sie. Ich mache gerade einen Test für die Taxiinnung. Es geht darum, ob die Fahrer ihre Beförderungspflicht ernst nehmen.« Die Frau beißt die Zähne zusammen und quittiert die 25 Euro, den doppelten Fahrpreis, den ich im Voraus zahle.

Schlafplatz auf dem Asphalt

Ich nehme meine Suche nach einem Schlafplatz wieder auf. Einige Geschäftseingänge der größten Kölner Einkaufsstraße, der Hohen Straße, in der tagsüber Zehntausende shoppen, sind bereits belegt. Im weiträumigen Eingang eines Schuhgeschäfts hat sich ein jüngeres Paar in seine Schlafsäcke vergraben. Ich steuere auf sie zu. »Habt ihr was dagegen, wenn ich mich neben euch niederlasse?«, frage ich. Es ist trocken hier und einigermaßen windstill. Der junge Mann, Anfang 20, leicht schlaftrunken, grummelt: »Ja, da hinten kannste Platte machen.« Aber seine Gefährtin, plötzlich hellwach und sehr energisch, verteidigt ihr Revier: »Nä, Alter, komm, geh weiter! Zieh ab.« »Ihr habt das nicht gepachtet hier«, sage ich und werfe mein Alter in die Wagschale: »Außerdem bin ich schon länger auf der Straße!« Sie wird ärgerlich: »Geh weiter, nicht hier bei uns! Raffst du es nicht?«

Ihr Freund erklärt mir die Situation: »Das ist unser Platz. Seit einem halben Jahr. Musst du verstehen. Wir haben die Erlaubnis von den

Inhabern des Schuhgeschäfts. Wir passen auf, dass hier keiner einbricht.« Ich gebe nach, wünsche den beiden eine gute Nacht und suche weiter.

Auch in anderen Schlafecken handele ich mir Platzverweise ein. Erst am Appellhofplatz, vis-à-vis des historischen Gerichtsgebäudes, direkt neben einem der Eingänge zum Westdeutschen Rundfunk (WDR), der sich mit seinen hässlichen Neubauten krakenartig dieses Teils der Innenstadt bemächtigt hat, heißt man mich willkommen. Ein Grauhaariger mit weißem Vollbart hält mir eine Flasche zum Willkommenstrunk hin. Ich lehne dankend ab. Er knurrt irgendetwas und macht eine wegwerfende Handbewegung. Ein anderer Alter ergreift meine Hand und zieht mich zu sich runter.

Die drei älteren Männer kommen aus Polen, der jüngere ist Russe; sie schlagen hier schon seit einigen Wochen ihr Lager auf, wie sie mir erzählen. Zu jeder Tag- und Nachtzeit halten sie die Stellung und erbetteln auch ihren Lebensunterhalt hier. Manchmal, das erlebe ich später, gesellt sich noch eine jüngere Frau zu ihnen, die meistens stark angetrunken ist. Auch heute haben sie wohl einiges an Alkohol konsumiert, wie zwei leere Wodka- und mehrere Bierflaschen verraten, die an der Hauswand abgestellt sind, direkt unter dem Schild »Notausstieg freihalten«. Ob die brennenden Kerzen dem Weihnachtsfest geschuldet sind, erfahre ich nicht. »Du deutsch?«, fragt jetzt der, der mich zu sich hinuntergezogen hat. »Nicht direkt«, antworte ich, »ich bin Internationalist.« Bei meiner Antwort leuchten seine Augen, er umarmt mich und hält mir seinen Becher mit erbettelten Münzen hin. »Nimm, Bruder«, sagt er und bietet mir seinen Schlafplatz über einem Gitter an, wo warme Luft aus dem WDR-Keller nach oben strömt. Mir ist zum Heulen zumute, ich lehne dankend ab und breite meine Isomatte seitlich von ihm unter einem grellen Licht aus, dem einzigen noch freien Platz.

Mir ist in der letzten Stunde eisig kalt geworden und ich verkrieche mich in meinen Schlafsack. Als ich irgendwann das Schnarchen meiner Nachbarn vernehme, falle auch ich in einen unruhigen Schlaf. Es mag gegen 3 Uhr nachts sein, als ich aufschrecke. Ich rieche eine Alkoholfahne direkt vor meinem Gesicht und spüre eine Hand, die an mir rüttelt. Ich befürchte, beklaut zu werden oder dass mich jemand im Delirium versehentlich abmurkst.

Es ist aber nur der junge Russe, der seine warme Schlafstelle verlassen und sich ohne Schutz neben mich auf das nackte Pflaster gelegt hat. Er versucht, mit den paar Brocken Deutsch, die er kann, ein Gespräch mit mir zu beginnen. Ich verstehe nicht, was er sagen will, höre Krieg und immer wieder »Druschba«, Freundschaft. Irgendwann kommt er auf den russischen Dichter Fjodor Dostojewski zu sprechen, warum auch immer. Ich steige ein und wir bringen mit der wiederholten Beschwörung Fjodor Dostojewskis unsere gemeinsame Verehrung zum Ausdruck. Dann begibt sich Wolodja – so hat er sich mir vorgestellt – wieder zu seiner warmen Schlafstelle über dem Gitterrost.

Später übersetzt mir jemand seine Worte, die ich auf Tonband festgehalten hatte: »Die Welt ist aus den Fugen geraten. Ich habe alles verloren. Meinen Traktor, meine Frau, meine Kinder. Ich hatte hier Arbeit auf dem Bau – 12 Stunden am Tag, 5 Euro die Stunde. Aber den Lohn der letzten drei Monate habe ich nicht mehr bekommen. Da wo ich umfalle, da schlafe ich ein.«

Morgens gegen 6:30 Uhr kriecht die Kälte so richtig in meinen Schlafsack und ich verabschiede mich von meinen ausgenüchterten Gastgebern, die mich anstarren, als hätten sie mich nie gesehen.

Ferne Silvesterknaller

Zum Jahresende ziehe ich nach Frankfurt weiter. Das dortige Containerlager für Obdachlose liegt im Ostpark an einem Bahndamm. Die über 50 Container stehen dicht an dicht, zu zwei Stockwerken gestapelt. Es ist 22:30 Uhr, der letzte Tag im Jahr. Ein jüngerer Wachhabender registriert meine Personalien und weist mir einen Schlafplatz in einem Container des ersten Stockwerks zu. Dort stehen zwei Doppelstockbetten in dem winzigen Raum, ein festgeschraubter Tisch, zwei Hocker für vier Personen. Ich komme mir vor wie in ein Schubfach gesteckt.

Da begebe ich mich lieber in die Kälte nach draußen. Ein auffallend adrett gekleideter Mann Mitte 30 spricht mich an. Er meint, ich sollte mir nach den Feiertagen mal »anständige Klamotten« geben lassen, und nennt mir eine Adresse. »Die Sachen sind top, alles aus Kleidersammlungen. Das Richtige für dich. Du gehörst doch auch nicht hierhin und hast sicher mal bessere Tage gesehen.«

»Wer gehört schon hierhin?«, entgegne ich verlegen.

Da gibt er mir recht und meint: »Hier zeigt die Geldmetropole ihr wahres Gesicht. Darum hat man uns auch so weit weg von den Bankentürmen ins Abseits verbannt.« Henning, so heißt er, hat in Frankfurt eine Banklehre absolviert und war auf dem besten Wege, selbst so ein »Anlageberater-Fuzzi« zu werden. »Dann habe ich im Suff den Fehler meines Lebens begangen. Seitdem bin ich das schwarze Schaf der Familie.«

Was denn gewesen sei, frage ich ihn.
Er schaut zu Boden und flüstert fast: »Ich habe einen Menschen totgeschlagen.« Nach einer kurzen Pause fügt er hinzu: »Es war Notwehr, der hat meine Frau angefasst. Ist in einer Disko passiert. Da kam ein Kollege zu mir und sagte: Geh mal zu deiner Frau rüber an

die Bar, die hat Probleme. Ich bin dann dazwischen gegangen, als ich sah, dass jemand sie attackierte und betatschte.«
»Und deine Frau stand zu dir?«
»Ja, bis zu meiner Entlassung, ich habe viereinhalb Jahre gesessen«, sagt er. »Sie hatte Schuldgefühle, weil ich ja ihretwegen im Gefängnis war. Aber als ich draußen war, hat sie die Scheidung eingereicht.« Seit seiner Entlassung vor fünf Jahren ist er arbeitslos. »Ein vorbestrafter Bankangestellter kriegt keine zweite Chance.«

Von Weitem sind dumpfe Knaller zu hören, die den bevorstehenden Jahreswechsel ankündigen. Eine jüngere Kolumbianerin bietet uns einen Schluck aus ihrer Sektflasche an. Für sie begann der Absturz, als ihr Mann, ein Deutscher, starb. Ein Jahr hat sie noch als Kindermädchen bei einer wohlhabenden türkischen Familie gelebt. Aber die sei streng religiös gewesen, habe alles verboten. »Dann bin ich da weg und lebe seit über einem halben Jahr in solchen Heimen.«

Ein hagerer 40-Jähriger gesellt sich zu uns: »Ich bin Thüringer«, stellt er sich vor. Er habe 13 Jahre in Bayern in der Gastronomie gearbeitet. »Dann habe ich vier Monate wegen Geldschulden gesessen.«
»Ist doch harmlos«, beschwichtige ich.

Das sieht er anders: »Meine Frau hat's nicht verkraftet. Sie musste arbeiten und hat unser dreimonatiges Kind weggegeben zur Adoption.« Er schluckt. »Ich werd nicht fertig damit, ich will mein Kind wiederhaben«, murmelt er und wendet sich ab, damit wir nicht sehen, wie ihm die Tränen übers Gesicht laufen.

Kurz vor Mitternacht stoßen noch zwei durchfrorene und für die heutigen Minusgrade viel zu leicht bekleidete Männer zu uns. Ein gesprächiger 52-Jähriger und sein stillerer 25-jähriger Begleiter. Sie seien, erzählen sie, seit morgens 10 Uhr durch Frankfurt geirrt und von einer Einrichtung zur nächsten geschickt worden. Bis sie dann hier gelandet seien. Geld hätten sie keins und auch bei den verschiedenen Anlaufstellen habe ihnen keiner etwas zugesteckt. Sie hätten eine Therapie bei einer Suchthilfeeinrichtung abgebrochen, wo es zu viel Druck und strenge Regeln gegeben habe, und müssten jetzt sehen, wie sie klarkommen. »Im Ostpark haben wir nichts zu essen bekommen, nicht mal einen Kaffee, obwohl wir doch mittellos sind«, erzählt der Ältere. »Wurden irgendwo untergebracht mit Leuten, die Suchtprobleme hatten. Die Leute lagen in den Betten, haben mit Spritzen hantiert. Das ist eine Katastrophe für mich, auch wenn ich schon längere Zeit clean bin. Es war arschkalt und zog überall rein. Ein Glück, dass wir euch getroffen haben.«

Man merkt ihm an, dass er das alles mal rauskotzen muss, er ist froh, dass ihm jemand zuhört, ohne blöde Fragen zu stellen: »Ich bin damals eigentlich mit den besten Absichten in diese Therapieeinrichtung in Frankfurt-Niederrad gegangen. Ich wollte eine freiwillige Therapie machen, ohne Druck vom Gericht. Freie Entscheidung. Aber was ich da erlebt habe, war so krass. Es gab keine Suchtberater, es sind alles ehemalige Süchtige, es ist ein reines Arbeitslager. Man wird geknechtet von morgens bis abends. Man muss acht Stunden arbeiten, es ist wie im Bootcamp. Man putzt den ganzen Tag, putzt, putzt, putzt. Auch wenn alles längst blitzblank ist. Man darf sich nicht hinsetzen, nicht mal anlehnen, man wird nur geknechtet. Man darf nicht ins Zimmer nach der Arbeit, man ist genötigt, bis 20:45 Uhr im Aufenthaltsraum die Zeit totzuschlagen. Man darf sich nicht hinlegen, obwohl man hart gearbeitet hat. Das Geld wird einem abgenommen, das Konto aufgelöst. Man muss alle Beziehungen nach draußen, auch die familiären, kappen.«

Unser Mann ist empört. Er friert, aber er merkt es gar nicht. Er erzählt in einem fort und redet sich das Elend von der Seele. Ich staune über die anderen, über uns alle, die wir ihm zuhören, obwohl jeder von uns schon so viele Geschichten gehört hat: wahre, erdichtete, ausgeschmückte, zusammenfantasierte, dürre, auf Fakten beschränkte. Alles Mögliche.

Wir hören weiter zu: »Es ist unglaublich. Deshalb habe ich auch abgebrochen. Ich hab nämlich draußen eine Freundin, die hat kein Drogenproblem. Ich lass mir nicht mein soziales Umfeld zerstören. Die verlangten eine totale Kontaktsperre, obwohl meine Freundin, die eine feste Arbeitsstelle hat, der einzige wirkliche Halt in meinem Leben ist. Mir kam das Ganze vor wie eine Sekte, wie eine Gehirnwäsche. Ich hätte dort zwei Jahre bleiben sollen, danach wäre ich wahrscheinlich im Eimer gewesen, gebrochen. Deswegen habe ich den Entschluss gefasst, zu gehen. Aber das Geld haben sie behalten.«

In der Einrichtung würden viele nur aus Angst bleiben. Denn sie befürchteten, wieder ins Gefängnis gesteckt zu werden. Die Gerichte lassen nämlich verurteilte Drogenabhängige nur dann vorzeitig frei, wenn sie eine Therapie durchhalten. »Aber dort gibt es keine Therapeuten. Die sind nicht einmal auf meine Suchtproblematik eingegangen! Ich bin nur zum Arbeiten abkommandiert worden!«, empört er sich noch einmal.

An dieser Stelle mischt sich sein jüngerer Begleiter ein: »Ich habe wegen Beschaffungskriminalität zweimal zwei Jahre kassiert. Dann durfte ich raus, zur Bewährung, in diese sogenannte Suchthilfe. Ich habe es zwei Monate ausgehalten und keinen Tag länger. Jetzt droht mir zwar der Haftbefehl und dann muss ich die vier Jahre voll absitzen. Aber lieber das, als in Niederrad zum seelischen Krüppel gemacht zu werden!«

Ich habe mich später in Niederrad erkundigt. Die »Suchthilfe Fleckenbühl« (seit 2009 heißen sie »die Fleckenbühler«) betreibt auch das Haus in Frankfurt-Niederrad, in dem die beiden waren. Die »Fleckenbühler« arbeiten tatsächlich nach den geschilderten Prinzipien. Für viele mag das Konzept passen. Immerhin leben über 200 Menschen in den verschiedenen Einrichtungen des Projekts, fast die Hälfte des Budgets wird durch eigene Betriebe erwirtschaftet.

Jedem neuen Bewohner wird eine sechsmonatige Kontaktsperre auferlegt. Damit sollen Rückfälle verhindert werden. Der Entzug, ein sogenannter kalter Entzug, also ohne Ersatzdrogen, geschieht im Haus. Es gibt in dieser Einrichtung, die 1984 in einem kleinen Ort in der Nähe von Kassel gegründet wurde und dort noch heute einen Hof bewirtschaftet, keine Ärzte und keine Therapeuten »und auch niemanden, der behandelt werden muss. Denn wir glauben, dass jeder Mensch die Fähigkeit hat, sein Suchtproblem selbst in den Griff zu bekommen – unsere Gemeinschaft hilft dabei.« Das ist der konzeptionelle Grundsatz der Selbsthilfegruppe. Problematisch, das geben auch die Macher zu, wird es allerdings, wenn Menschen gezwungenermaßen in die Einrichtung kommen – weil sie vom Gericht geschickt werden oder dem Gefängnis entkommen wollen. Viele von ihnen halten das Programm nicht durch, verlassen bald wieder die Einrichtung, »scheitern«, weil sie das Gefühl haben, sie kommen von einem Zwang in den anderen.

Bei den »Fleckenbühlern« dürfen kein Alkohol, keine Drogen und kein Tabak konsumiert werden. Und »in Gesprächskreisen – den sogenannten Spielen – werden Probleme, die ein Einzelner mit sich selbst oder anderen hat, diskutiert und gelöst«. So steht es in den Statuten. Doch die eigentliche Therapie, wenn man so will, besteht im regelmäßigen Arbeiten, angefangen mit Hilfstätigkeiten wie dem sinnlosen Putzen, auch wenn alles längst sauber ist, dann weiter mit den »besseren« Jobs in den eigenen Betrieben oder in der eigenen Landwirtschaft.

Aber unsere beiden Mitbewohner haben sich nur noch unter Druck gesetzt gefühlt, geradezu verfolgt von einem Kollektiv, das ihnen fremd war, dessen Regeln nicht die ihren waren, dessen Ziele sie nicht verstanden und nicht geteilt haben. Aber weil die Kriminalisierung von Drogen, von Drogengebrauch und von Drogenabhängigkeit freie Entscheidungen unmöglich macht, konnten sie nicht einfach gehen, wie man geht, wenn das Umfeld einen zu zerbrechen droht. Sie mussten regelrecht fliehen, befanden sich noch auf der Flucht und steckten jetzt erst einmal im Containerlager fest, hinter ihnen die Suchteinrichtung, vor ihnen der Knast und die totale Verarmung.

In der Ferne ist ein Feuerwerk zu sehen oder eher ein Widerschein davon, das Krachen dumpf grollender Böller dringt von weit her bis zu uns. Keinem ist danach, ein »frohes neues Jahr« zu wünschen. Es würde wie Hohn klingen. Eine halbe Stunde nach Mitternacht gehe ich in meinen Container und quetsche mich auf mein Hochbett. Drei andere haben sich bereits zum Schlafen niedergelegt. Ein irakischer Kriegsflüchtling antwortet auf meine Frage, wie er nach Deutschland gekommen sei, auf Englisch: »Gott hat mich hergeschickt.« Er macht einen völlig verstörten Eindruck und wendet sich gleich wieder von mir ab. In der Nacht spricht er im Schlaf, zwischendurch höre ich ihn schluchzen.

Die Gedanken drehen sich in meinem Kopf. Wir leben immer noch in einem reichen Land. Diese Menschen aber haben keine Lobby, sie haben keinen, der sich für sie interessiert. Hier könnte man so manchem raushelfen, davon bin ich überzeugt. Aber nur wenn man den Einzelnen und sein jeweiliges Problem ernst nimmt. Gerade im reichen Frankfurt sollte man erwarten, dass mehr getan wird. Aber diejenigen, die sich auskennen und auch in anderen Städten waren, sagen: Frankfurt sei mit das Schlimmste. Eine Kälte und Verachtung, die ihnen hier entgegenschlage. »Die Menschen sehen uns als Dreck an«, habe ich von vielen gehört. Die Bankentürme bestimmen das Bild der Stadt. Der Unterschied zwischen Arm und Reich ist drastisch sichtbar. Und »die da unten« fühlen sich noch mehr verachtet als anderswo.

Endlich schlafe ich ein. Nachts träume ich, dass ich auf den Gleisen liege und ein Zug auf mich zurast. Ich schrecke auf und höre nun wirklich einen donnernden Zug. Er rauscht dicht neben den Containern vorbei.

Nachdem ich meine Erfahrungen mit dem Frankfurter Containerlager veröffentlicht habe, reagieren die Verantwortlichen betroffen. Die Sozialdezernentin der Kommune versucht zwar zu relativieren und meint, man müsse das Containerlager im Zusammenhang mit anderen »Hilfestellungen« sehen, keiner solle dort ja für längere Zeit bleiben. Aber Peter Hovermann, Geschäftsführer des Frankfurter Vereins für soziale Heimstätten, Träger der Übernachtungsstätte Ostpark, geht in die Offensive. Ihm sind die Zustände dort auch ein Gräuel. Viel zu wenig Geld werde für dieses Notasyl bereitgestellt. Aber jetzt sei die Stadt aufgeschreckt, Mittel seien zugesagt worden. Mittlerweile ist ein Beratergremium für das Containerlager eingerichtet worden, an dem sich Aktivisten, Betroffene, Schriftsteller, Künstler und Architekten beteiligen. Die Stadt erwägt, die Container abzubauen und eine menschenwürdigere Unterbringung zu schaffen.

Einer der Experten ist Richard Brox, der selbst 25 Jahre auf der Straße gelebt hat. Ein halbes Jahr ist er Gast bei mir zu Hause gewesen, er hat mir bei der Recherche geholfen und ich konnte ihm eine eigene Wohnung besorgen. In Frankfurt setzt er seine Erfahrungen nutzbringend für andere ein. Auch ich bin ehrenamtlich an diesem Pilotprojekt beteiligt.

Nach neuesten Meldungen aus Frankfurt wird der Plan, die Notübernachtungsstätte Ostpark zu schließen, in Kürze tatsächlich umgesetzt. Statt der Container soll ein Modellprojekt eröffnet werden, das aus mehreren sogenannten mobilen Wohneinheiten für jeweils kleinere Gruppen von 25 bis 30 Menschen besteht. Die Wohneinheiten sind um einen Innenhof gruppiert und stellen jedem Bewohner eine eigene, abgeschlossene Unterkunft mit Fenstern zum Hof und einem eigenen Eingang zur Verfügung. Das Projekt nennt sich »O16« und wirbt mit einer neuen Einstellung zu obdachlosen Menschen: »In O16 dürfen Menschen sein und bleiben, wie sie sind. O16 bietet Möglichkeiten für Veränderungen und Entwicklung.« Nach Angaben des »Frankfurter Vereins für soziale Heimstätten« hat sich die Realisierung dieses guten Planes wegen der knappen kommunalen Kassen und wegen baulicher Probleme hingezogen. Richard Brox hat es übrigens auch bei mir nicht dauerhaft ausgehalten. Er wollte wieder raus, auf die Straße. Dort steht er anderen Obdachlosen mit Rat und Tat zur Seite. Ein Initiativkreis hat ihn 2012 für den »Deutschen Engagementpreis« und zuvor schon für das Bundesverdienstkreuz vorgeschlagen. Er wäre der erste Obdachlose, der diese Auszeichnung erhalten würde.

Kalte Angst

Im neuen Jahr kehre ich nach Köln zurück und verbringe dort meine zweite Nacht im Freien. Es ist der 6. Januar 2009. Die Stadt ist schneebedeckt, völlig unüblich für das Rheinland, die Seen locken mit einer dicken Eisschicht zum Schlittschuhlaufen. Die kälteste Nacht dieses Winters, bis zu minus 15 Grad, ist angekündigt. Meldungen, es seien bereits Menschen auf der Straße erfroren, schockieren mich jetzt auf ganz andere Weise. Köln, so höre ich, will es anderen Städten gleichtun und Leute, die im Freien übernachten, einsammeln und in Wärmenotquartieren unterbringen.

Draußen ist von dieser Samariteraktion nichts zu spüren. Gegen 23 Uhr zähle ich allein in Bahnhofs- und Domnähe über ein Dutzend Menschen, die sich unter Decken oder in Schlafsäcken der extremen Kälte aussetzen. Zu mir kommt in dieser Nacht jedenfalls niemand, der mich in eine Notunterkunft bringen will.

Dabei schlage ich mein Schlafquartier an zentraler Stelle auf, vor dem Obdachlosencafé Gulliver hinter dem Hauptbahnhof, ganz in Rheinnähe. Hier haben fünf Berber schon seit Monaten Quartier bezogen. Sie kennen sich und leben hier wie eine Großfamilie. Der Älteste, Thomas, ist 61 und lässt mich gewähren, als ich mein Gelumpe zu einem Lager auszubreiten beginne. »Aber nur für eine Nacht«, stellt er klar, »wir sind hier nur geduldet. Es dürfen nicht mehr werden.« Seine kräftige Nase gibt ihm einen entschiedenen Ausdruck, sein bis auf die Schultern wallendes weißblondes Haar umrahmt sein Gesicht würdevoll. Aber die Augen! Rot gerändert, matt. Thomas ist gesundheitlich angeschlagen, sein ständiges Husten geht in ein Röcheln über. Er ist seit Oktober hier, nachdem er in der Annostraße, wo er ab und zu mal übernachtet hat, ausgeraubt wurde. Seitdem sieht er die Kälte als das kleinere Übel an. »Alles, was ich mir nach und nach angeschafft hatte und mit meinem Fahrradanhänger hinter mir herzog, war weg.«

Thomas ist gelernter Maler und Putzer, seit 26 Jahren lebt er auf der Straße. Er gehört zur aussterbenden Gattung der echten Vagabunden. Die Hände sind kräftig, geschmückt mit vielen Ringen, eine Uhr am tätowierten Handgelenk. »Warum hast du deine Arbeit verloren?«, frage ich.

»Ich hab sie nicht verloren, ich habe selbst hingeschmissen. Ich bin Aussteiger«, betont er nicht ohne Stolz. Er hat auf Baustellen in Frankfurt malocht, nicht schlecht verdient. »Aber das Arbeitsklima, der Druck, der Stress und das Tempo haben mir nicht gefallen. Da hab ich gesagt: Feierabend! Ohne mich.« Er hustet heftig und anhaltend. »Ich habe die Welt kennengelernt – bis zur Südspitze Italiens.« Er bereut, wie er sagt, seinen Ausstieg nicht.

Thomas weist mir einen Schlafplatz neben seinem »Stiefsohn« Matthias zu, der, an seinen Hund gekuschelt, an der Wand liegt. Matthias ist 30, hat rote Strähnen und ein paar geflochtene Zöpfe im Haar. »Ich nenne Thomas meinen Vater, weil ich mit ihm wahlverwandt bin und viel von ihm lernen kann.« Matthias ist seit über zehn Jahren in ganz Deutschland unterwegs. Ursprünglich kommt er aus München, wo er in Heimen aufwuchs. Zwei Lehren hat er als Schreiner und Verkäufer angefangen und wieder hingeschmissen. Auch er zieht die Straße den Notunterkünften vor. Selbstbewusst erzählt er, in einen dicken bunten Pullover und eine schwarze Weste gehüllt, das freundliche Gesicht mir zugewandt.

Er lacht: »Hier draußen gibt's keine Käsefüße. Du hast etwas mehr Zufriedenheit und Ordnung. Auf einem kleinen Fleck kann man gemütlich mit den Leuten leben, zu denen man gehört.« Zwischendurch jobbt Matthias als Tagelöhner auf dem Bau, auf einem Ökobauernhof und als Schausteller. »Ich bin als Berber groß geworden, in München habe ich mit Mooshammers Vater unter der Donaubrücke gepennt. Das war noch ein Mensch.« (Richard Moshammer nahm sich als Obdachloser das Leben. Sein Sohn Rudolph, ein Münchener Original aus der Modebranche, wurde Anfang 2005 ermordet.)

Die Nacht wird kälter, wir liegen in unseren Schlafsäcken, der Hund zwischen uns, und Matthias erzählt mir von einem »Höhepunkt seines Lebens«, auf den er »besonders stolz« sei. Das sei in München gewesen. Da habe er mit einer Gruppe Jugendlicher Edmund Stoiber, den damaligen bayerischen Ministerpräsidenten (CSU), mit Eiern beschmissen. »Das war die Zeit, als Stoiber seine Nazisprüche gegen Ausländer losließ und von ›unzulässiger Durchrassung und Vermischung‹ quatschte.« Matthias grinst fröhlich. »Schade, dass ich ihn nicht getroffen habe.« Andere hätten glücklicherweise besser gezielt.

Aber es gab ein Polizeifoto, auf dem zu sehen gewesen sei, wie er ein Ei wurfbereit in der Hand hielt. Matthias wurde angeklagt und, wie er sagt, zu sechs Monaten Gefängnis verurteilt. Die habe er absitzen müssen, weil er noch eine Bewährungsstrafe wegen eines früheren Drogendelikts offen hatte. »Es war die schönste Zeit meines Lebens, denn die Mitgefangenen, viele Ausländer dabei, haben mich groß gefeiert.«

Marco G., Anfang 40, ist der Schweigsamste in der Runde. Er gibt nur preis, dass er aus Berlin komme und seit zwei Jahren »alles hinter sich gelassen« habe. Er wirkt in sich gekehrt, verfolgt aber wohl, was wir miteinander reden. Schließlich sind wir alle müde, ich ziehe mir den Schlafsack bis übers Kinn, der Hund von Matthias knurrt und bellt. Ich streichle ihn noch mal, da leckt er meine Hand. Ich fühle mich irgendwie aufgehoben in dieser kleinen Gemeinschaft. Besonders die sehr persönlichen und auch politischen Bekenntnisse meiner Schlafgenossen haben mich berührt; ich hatte das nicht erwartet, so viel Reflexion und Bewusstheit. Aber ich habe auch Angst vor der Nacht, vor der Kälte. Ich denke an Geschichten von Menschen, die gar nicht merken, wie der Frost sie holt. Sie wachen einfach nicht mehr auf.

Und in meinen Schlafsack zieht die Kälte, als wäre er nur ein dünnes Leinentuch. Ein Leichentuch, denke ich und zittere. Wie ich erst später erfahre, bietet mein Schlafsack nach Herstellerangaben nur bis null Grad ausreichend Schutz. Ich versuche bibbernd, mich wach zu halten und meine eisigen Zehen zu bewegen, schlage mit den Beinen gegeneinander und mit den Armen an meinen Körper, um irgendwie die nach mir greifende Kälte zu vertreiben. Gegen 3 Uhr falle ich dann doch in den Schlaf und werde erst morgens gegen 7 Uhr steif und zitternd wieder wach. Aber ich habe Glück gehabt: Von einem schweren Schnupfen abgesehen, habe ich die Nacht bei minus 15 Grad und trotz der in den Morgenstunden vom Rhein hochziehenden feuchteisigen Luft unbeschadet überstanden.

Marco, der Schweigsame, das erfahre ich zwei Wochen später, ist nach weiteren Kältenächten eines Morgens plötzlich tot zusammengebrochen. Wahrscheinlich vor Entkräftung. Da den Behörden keine Angehörigen bekannt sind, wird ein Begräbnis in einem anonymen Armengrab angeordnet. Aber offenbar haben sich die Behörden auch keine sonderliche Mühe gemacht, Marcos Angehörige ausfindig zu machen. Es wäre so einfach gewesen. Wie alle, die ihn vom Café Gulliver kannten, weiß ich, dass er aus Berlin stammt. Die Telefonauskunft im Internet führt 31 Einträge unter Marcos Nachnamen auf.

Ich will sie der Reihe nach anrufen. Gleich bei der ersten Nummer meldet sich eine Frauenstimme. Ich frage, ob sie vielleicht einen Marco G. kennt.
»Warum?«, fragt sie zurück.
Ohne groß nachzudenken, erzähle ich, was vorgefallen ist: »Weil er vor Kurzem verstorben ist. Ich bin ein Kumpel von ihm und suche nach Angehörigen.«

Da höre ich, wie die Frau in heftiges Schluchzen ausbricht. Sie ist seine Mutter und hat ihren Sohn vor zwei Jahren das letzte Mal gesehen. Nach seinem Verschwinden hatte sie eine Vermisstenanzeige aufgegeben. Erfolglos. Ich erfahre, dass Marco in Zockerkreise geraten war, hohe Spielschulden hatte. Um seine Familie, die ihm immer wieder Geld geliehen hatte, nicht weiter zu belasten, brach er schließlich alle Brücken hinter sich ab und wählte das anonyme Leben auf der Straße. Aber vielleicht ist alles viel komplizierter. Ich weiß es nicht. Jedenfalls bedankt sich sein Bruder bei mir. Er erreicht, dass Marcos Leiche, die wegen der Obduktion noch nicht beigesetzt war, nach Berlin überführt wird. Dort wird Marco im Familiengrab bestattet.

Ausgestoßen, weggeschlossen

Ich ziehe weiter nach Hannover, zu einem kolossalen Betonklotz in der Innenstadt. Die bunten Graffiti nehmen dem Kriegsrelikt ein wenig das Bedrohliche. Doch als ich die schwere Stahltür aufstoße, überkommt mich ein beklemmendes Gefühl. Der Bunker aus dem Zweiten Weltkrieg ist fensterlos, die Luft stickig. Ein Aushang weist darauf hin, dass Rattengift ausgestreut wurde.

Die Notschlafstelle der Stadt Hannover ist letzte Zuflucht für Menschen, die fast alle Hoffnung verloren haben. Es ist ein Freitag im Februar, kurz vor 23 Uhr, die letzte Möglichkeit, eingelassen zu werden.

Ruppig notiert der Bunkerwart meine Personalien und weist mir einen Schlafplatz zu. Irgendwo dahinten im Dunkeln. Ich kann mich nicht recht orientieren, es ist finster. Die Schlafräume, die links und rechts des Gangs abgehen, haben keine Türen; Stoffvorhänge sollen so etwas wie Privatsphäre schaffen. Die sanitären Anlagen stammen noch aus Kriegszeiten. Die Toilettentüren sind nicht verschließbar und nur halbhoch, jeder kann hineinsehen. Vier eiserne Bettgestelle warten in »meinem« Raum auf mich, mit stark verschmutzten Matratzen. Ich suche mir eines der »Betten« aus, lege meine Sachen ab, drehe vorsichtshalber die Matratze herum, um zu sehen, ob da auch keine Tierchen krabbeln, ziehe die Schuhe aus, schalte das Licht aus und krieche in voller Montur in meinen Schlafsack. Es ist Mitternacht. Kaum bin ich eingeschlafen, dröhnt aus dem Schlafraum gegenüber laute Musik. Nach einer Viertelstunde pelle ich mich aus meinem Schlafsack. Ich trete auf den Gang, räuspere mich vor dem Vorhang meines Nachbarn. Als ich eine belegte Stimme sagen höre: »Was willste?«, schiebe ich den Vorhang zur Seite. Mein Nachbar ist allein im Raum. Der Mann von kräftiger Statur, vielleicht Ende 30, sitzt angezogen an einem Tisch und hat ein Messer neben sich liegen.

»Entschuldige bitte«, sage ich betont freundlich, »kannst du vielleicht dein Radio ein bisschen leiser stellen? Ich bin direkt gegenüber und kann nicht schlafen.« Er schaut mich herausfordernd an:
»Sieh mal an, du kannst nicht schlafen!«
»So ist es«, sage ich. »Du kannst ja weiter deine Musik hören. Nur ein bisschen leiser bitte. Schaffst du das?«
»Schaff ich«, antwortet er, »aber nicht für dich.«
»Das weiß ich zu schätzen«, ignoriere ich seinen Affront, wünsche ihm gute Nacht und verkrieche mich wieder in meinen Schlafsack.

Die Musik plärrt weiter und ich höre, wie er sich, immer lauter vor sich hin monologisierend, in Gewaltfantasien hineinsteigert: »Schieß dir in die Schädeldecke! Ich hab die Schnauze voll! Dem hab ich so ins Maul getreten ... Das ist nicht Einschüchterung, nur Überzeugungstechnik. Warum bin ich so zerrissen?«

Irgendwann merke ich, dass er seine verbalen Gewaltausbrüche immer deutlicher an mich richtet: »Kann nicht schlafen«, äfft er mich nach. »Einen in die Schnauze hauen, dann kann er schlafen. Ich hätte den am liebsten rausgeballert wie eine Rakete. Das ist dein Problem, wenn du nicht pennen kannst, nicht meins. Ich mach dir Löcher in den Leib. Erschießen! Erstechen am besten! Ich geh mal zu dem Penner rüber.«

Eigentlich bin ich kein ängstlicher Mensch, aber mein Gefühl als Angst zu beschreiben wäre untertrieben. In mir kommt Panik auf, die mich völlig lähmt. Wie banal, denke ich, dass es dich ausgerechnet hier erwischt. Es ist wohl die blitzartige Erinnerung an überstandene Gefahren, die mich endlich aus der Erstarrung löst. Ich stehe auf, nehme meine Schuhe in die Hand, raffe den Schlafsack unter den Arm und schleiche auf Zehenspitzen an dem Vorhang meines bedrohlichen Nachbarn vorbei. Nichts wie raus, und wenn es draußen minus 20 Grad sein sollten! Ich stehe vor der Eingangstür aus Stahl und will sie aufziehen. Nichts. Ich rüttle daran, immer heftiger. Nichts. Die Tür ist verschlossen, ich erkenne ein dickes Vorhängeschloss. Bombensicher. Auch die Tür zur Pforte des Bunkerwarts ist abgeschlossen. Auf mein Klopfen öffnet keiner. Ich eile den Gang, der an den Schlafräumen vorbeiführt, entlang und versuche, in einem anderen Raum unterzukommen. Aus dem Dusteren höre ich eine ärgerliche Stimme: »Alles besetzt!« Schließlich finde ich eine Ecke hinter einem Vorhang, wo ich mich hinkauere.

Mir ist, als ob die Luft immer stickiger würde. Wenn hier ein Schwelbrand ausbricht! Es reicht, wenn eine Matratze durch eine Zigarette in Brand gerät. Alle wären gefangen und würden an Rauchvergiftung krepieren. Bis um 4 Uhr halte ich mich wach und bei jedem

Geräusch auf dem Gang schrecke ich hoch. Aber mein Nachbar hat die Suche nach mir offenbar aufgegeben. Ich nicke ein.

Als ich am nächsten Morgen dem Bunkerwart sage, dass ich mich bedroht gefühlt hätte, und ihn frage, warum die Eingangstür verschlossen gewesen sei, rechtfertigt er sich: »Wenn wir nicht abschließen, kann's sein, dass morgens dein Zeug weg ist.« – »Aber das muss doch auch anders gehen«, sage ich, immer noch ziemlich aufgelöst. »Man kann uns doch hier nicht einfach einsperren!«

Da wird er ungehalten. »Was willst du? Gib endlich Ruhe! Willst du Messer in Rippe oder was?«

Ich gebe es auf, mit ihm weiter zu verhandeln. Aber ich will mit meinem aggressiven Nachbarn reden auch, um mich von meiner Angst dieser Nacht zu befreien. Ich nehme meinen restlichen Mut zusammen und suche den Mann an seiner Schlafstelle auf. Er ist schon angezogen und kämmt sich gerade sorgfältig sein Haar. »Du warst ja diese Nacht hart drauf«, begrüße ich ihn, »du wolltest mich alle machen!«
»Ja, logisch«, sagt er ungerührt.
»Warum denn, ich hab dir doch nichts getan?«
Da wird er zugänglicher: »Weil ich sauer war. Hier hat es noch keiner gewagt, sich bei mir zu beschweren, noch keiner.«

Die nächste Stunde unterhalten wir uns, er heißt Fred und ist 41 Jahre alt, zuerst in seinem Schlafraum, dann auf einer Bank direkt vor dem Bunker. Und ich lerne eine ganz andere, verzweifelte, sogar sanfte Seite von ihm kennen. Er erzählt mir von seiner Drogenabhängigkeit, von seinen Krankheiten, davon, wie er angefixt wurde und nicht mehr davon wegkommt, trotz eines Methadonprogramms, an dem er teilnimmt.

Ein anderer Schläfer aus dem Bunker gesellt sich zu uns. Viktor, 57, ist abgemagert, sein Gesicht zerfurcht. Er hat seit drei Tagen nichts gegessen. Ihn erwartet eine dreimonatige Gefängnisstrafe, weil er zum wiederholten Male schwarzgefahren ist und die Geldstrafe nicht bezahlen kann. »Ich war mal wieder aus dem Bunker rausgeflogen, weil man nicht länger als zwei Tage hintereinander hierbleiben darf. Es war eine eisige Nacht. Ich habe dagesessen und gefroren ohne Ende. Da freust du dich, wenn dann morgens wieder die erste Bahn fährt, und die fährst du dann schwarz, du hast ja kein Geld, um eine Tageskarte zu kaufen. Und du fährst von morgens bis abends hin und her.«

Viktor hat auch bessere Zeiten gesehen. Er hatte eine Transportfirma. Vor ein paar Jahren verlor er seinen größten Kunden und konnte den Verlust nicht mehr kompensieren. Dann ging alles ziemlich schnell. Arbeitslos, Haus weg, Familie kaputt. »Ich war 30 Jahre verheiratet und habe eine Tochter und ein Enkelkind. Und du kriegst dann ohne festen Wohnsitz noch nicht mal mehr Hartz IV! Hartz IV ist das größte Verbrechen, das es nach dem Krieg gab, dank Herrn Schröder. Du kannst 30 Jahre arbeiten, was ich ja gemacht habe, und nach einem Jahr bist du automatisch wie ein Sozialhilfeempfänger, der in seinem Leben überhaupt noch nicht gearbeitet hat.«

Fred stimmt ihm zu: »Hartz IV ist wie Sozialamt. Und ich war stolz, dass ich nie zum Sozialamt gehen musste. Ich hab früher Mülltonnen geleert, ich war bei der Stadt angestellt. Aber dann kommst du in so eine Situation und bist am Arsch. Und kommst auch nicht mehr raus. Weil du einen Stempel aufgedrückt bekommen hast. Du hast ihn auf der Stirn stehen. Die wollen uns alle knien sehen. Das siehst du schon beim Amt, da drohen sie uns: ›Wenn Sie nicht ruhig sind, kriegen Sie nichts.‹ Sie haben die Staatsmacht, okay, sie haben das Hausrecht. Aber als ich einen neuen Ausweis brauchte, weil man mich beklaut hatte, musste ich 30 Euro bezahlen. Wie soll das gehen? Ich muss doch auch essen. Das interessiert die nicht.«

Hartz IV – das ist für die Männer kein letztes Auffangnetz, eine soziale Hängematte schon gar nicht. Sondern Zwangsmittel, um die

Leute zu schikanieren, sie endgültig rauszuwerfen aus der Gesellschaft. Viktor sieht das illusionslos: »Einige Bekannte aus meiner früheren Zeit waren in einem festen Arbeitsverhältnis. Dann sind sie wegen Insolvenz der Firma oder sonst wie erst mal in die Arbeitslosigkeit gerutscht. Und dann in Hartz IV. Die werden irgendwann hier mit mir auf der Bank sitzen, das wette ich. Das kommt automatisch, weil's immer schlechter geht.«

Ich überrede Viktor, mit mir zum Wohnungsamt zu gehen, und verspreche ihm, seine Geldbuße zu überweisen, damit er nicht ins Gefängnis muss. Für uns ist ein jüngerer Sachbearbeiter mit langer Mähne zuständig. Er ist lässig gekleidet, auf den ersten Blick sieht er aus wie einer von uns. »Dann werdet ihr jetzt erst mal verarbeitet«, sagt er und sucht nach einer »dauerhaften Lösung«.

Er blättert lange in einer Liste, dann scheint er fündig geworden zu sein. Er nennt uns ein Heim an der Stadtgrenze von Hannover. »Drei Häuser, pro Haus ungefähr vierzig Insassen.« Ich solle nur ein paar Formulare unterschreiben, dann sei alles klar. Auch Viktors Daten trägt er ein, schiebt ihm ebenfalls die Formulare zur Unterschrift zu. Dann muntert er ihn auf: »Sie sehen so abgekämpft aus, fahren Sie besser mit Straßenbahn und Bus dahin, sonst machen Sie noch schlapp. Miete kostet im Monat 159 Euro. Können Sie sich aber vom Arbeitsamt wiedergeben lassen.«

»Gibt's auch Verpflegung?«, will ich wissen.
»Ne, aber einen Aldi in der Nähe.«
»In welchem Alter sind die Insassen?«, frage ich.
»Von 18 bis 80«, antwortet er. »Manche wollen da gar nicht mehr weg. Manche nur noch mit den Füßen voran ...«

Ich zögere, die Formulare zu unterschreiben. Er hat uns ihre Bedeutung nicht erklärt; da steht irgendetwas von »TBC-Untersuchung innerhalb der nächsten drei Tage« und von einer »Abtretungserklärung«, mit der wir das Arbeitsamt ermächtigen, die Hartz-IV-Gelder direkt an das Heim zu überweisen. Muss so viel Selbstentmündigung sein? Wir wollen das nicht.

Aber da wird der lockere Beamte plötzlich ärgerlich und droht: »Wenn Sie nicht unterschreiben, dann kommen Sie auch nicht mehr in den Bunker.« Punkt. Auch in Hannover wird offenbar die mir schon aus Köln bekannte Methode angewandt, wie die »Penner« auf die Leiter nach oben zu bugsieren sind: Entweder sie lassen sich aus der Notschlafstelle in die Notunterkunft verfrachten oder sie bleiben ganz auf der Straße und selbst die Notschlafstelle wird ihnen versperrt. Viktor begreift, was vor sich geht. Er lenkt ein und wir unterschreiben. Unsere letzte Frage: »Und wie sollen wir in das Heim kommen? Kriegen wir einen Fahrschein?«

»Ich habe keine Fahrscheine«, sagt der Beamte, jetzt wieder ganz der gewiefte Kumpel, »ich würde einfach mal Leute fragen, die aussteigen.«

Mit den Formularen, die wir im Heim vorlegen müssen, machen wir uns auf die Reise. Nach einer Stunde U-Bahn- und Busfahrt und einem längeren Fußweg stehen wir vor einem düsteren Gebäudekomplex vom Anfang des 20. Jahrhunderts. Schulenburger Landstraße 335. Eine jüngere Sozialarbeiterin nimmt erneut unsere Personalien auf. Wir reichen ihr unsere Papiere. Das wichtigste ist die »Zuweisung einer Unterkunft wegen Obdachlosigkeit«. Laut Bescheinigung wird jedem von uns ein Bettplatz zur Verfügung gestellt, bis zum 04.02.2010. Jetzt bin ich ein amtlich beglaubigter Obdachloser.

Das Hannoveraner Obdachlosenmagazin »Asphalt« hat einige »Gäste« des Bunkers befragt, die meine Erfahrungen überwiegend bestätigten. »Zwei Nächte war ich mal im Bunker. Das hat fürs Leben gereicht«, fasst Jürgen zusammen, »Gestank, Aggressivität, das

Gefühl, eingesperrt zu sein – und ein Wachpersonal, das sich um nichts kümmert.«

»Ein bisschen kann man das auch verstehen, denn die sind ja wahrscheinlich zu Dumpinglöhnen beschäftigt«, vermutet Thomas. Holger erinnert sich: »Ich habe die Nächte da überlebt, besser kann man das, was da abgeht, nicht nennen. Ich wurde oft beschimpft und bedroht, Schlägereien gab es auch. Die Portiers waren allesamt höchst unfreundlich, uninteressiert und ganz offenbar überfordert.« Jürgen berichtet: »Im Bunker wird geklaut und es stinkt, die Hygiene ist unzureichend. Ich musste morgens auf die Toilette, aber das habe ich mir verkniffen und mich später lieber im Stadtwald erleichtert. Außerdem musste man höllisch aufpassen, dass man nichts auf die Rübe kriegt. Das ist sehr aggressiv. Ob die Wachleute dann einschreiten? Guter Witz. Die sah man ab 22 Uhr überhaupt nicht mehr. Das ganze Ding muss weg, das ist eine Zumutung.«

Auch in Hannover reagieren die Behörden und Politiker, als ich meine Erfahrungen aus dem Bunker veröffentliche. SPD-Oberbürgermeister Stephan Weil will den Bunker allerdings nicht schließen, er soll nur besser werden. Der stellvertretende SPD-Fraktionschef und baupolitische Sprecher Thomas Hermann hingegen fordert: »Wir sollten den Bunker schnellstmöglich schließen. Die Unterbringung ist menschenunwürdig. Wir brauchen andere Lösungen, die Individualität, vernünftige sanitäre Anlagen und auch die Sicherheit der Menschen gewährleisten.« Die Verwaltung solle »zügig Vorschläge« unterbreiten.

Die liegen auch ein halbes Jahr später noch nicht vor. Zwar liefen Gespräche und Verhandlungen, um im innerstädtischen Bereich bessere Notunterkünfte anzubieten, so Thomas Hermann Anfang Juli 2009. Aber so lange werde der Bunker noch aufgehalten, mit besserer Beleuchtung, ausgeschilderten Notausgängen und Sichtschutz vor den sanitären Anlagen.

Es dauerte noch lange, aber im Januar 2011 endlich wurde der Bunker endgültig als Schlafstätte für Obdachlose geschlossen und eine neue, bessere Unterkunft mit Zwei-Bett-Zimmern eröffnet. Ein Lichtblick und ein Zeichen dafür, dass sich stetiger Protest und öffentliche Kritik lohnen.

Katholische Fürsorge

»Penner«, Verrückte, Trinker und andere auffällige und merkwürdige Gestalten weit weg zu verbannen – das war schon immer eine Methode, um den braven und angepassten Gesellschaftsmitgliedern den Anblick von »arbeitsscheuem Gesindel« zu ersparen. In der Stadt, aber auch auf dem Land. In der Nazizeit wurden Wohnungslose als »Asoziale« registriert, in der Aktion »Arbeitsscheu« in Konzentrationslager gesperrt und dort mit besonderer Brutalität gequält. Viele der Opfer, die einen braunen oder schwarzen Winkel an der Häftlingskleidung tragen mussten, überlebten die Torturen nicht. Nach der Befreiung wurde den Überlebenden in der Bundesrepublik und meist auch in der DDR jegliche Entschädigung verweigert. Das Stigma »asozial« überdauerte die Hitlerzeit.

Sieben Kilometer von Weeze entfernt, einer sauberen Kleinstadt am Niederrhein, nahe dem Wallfahrtsort Kevelaer, liegt das Petrusheim. Vor 100 Jahren wurde diese »katholische Arbeiterkolonie« erbaut. Beide Kirchen errichteten um die Wende zum 20. Jahrhundert Dutzende solcher Einrichtungen, um »Landstreicher« und »Wanderbettler« wieder ans Arbeiten zu gewöhnen und der herrschenden Arbeitsdisziplin zu unterwerfen. Die Mittel waren häufig drakonisch: Arbeitszwang zu Niedrigstlöhnen, eine autoritäre Heimleitung, Prügel.

Das Petrusheim ist auch heute noch eine »Kolonie«, ein Wohn- und Arbeitsort für etwa 200 Insassen. Die Hälfte von ihnen lebt im dortigen Altenheim. Die anderen in den Wohnungen der eigentlichen Arbeiterkolonie. Dann gibt es noch eine dritte Gruppe mit denjenigen, die zum Arbeiten nicht mehr in der Lage sind und für das Altersheim noch zu jung, den »Behinderten«.

Vom Petrusheim hatten mir einige meiner obdachlosen Freunde erzählt. Die städtischen Behörden aus ganz Nordrhein-Westfalen weisen dort ihre »Klienten« ein. Man kann aber auch aus freien Stücken dort unterkommen, für einige Tage oder länger. Man kann sogar für immer dort bleiben, auf dem heimeigenen Friedhof, der neben den Wohn-, Arbeits- und Verwaltungsgebäuden, der Kirche, den Stallungen für das Vieh und die landwirtschaftlichen Geräte und der hauseigenen Schlachterei zum Areal gehört.

Ich bin mehrmals im Petrusheim gewesen. Man braucht ziemlich lange zu Fuß, die Straße zwischen Weeze und dem Heim zieht sich, hin und wieder zischt ein Auto an mir vorbei. Irgendwann taucht rechter Hand der Eingang auf. Ein von Büschen gesäumter Weg führt auf die »Hauptstraße«, an deren Ende ich die von hohen Bäumen gesäumte Kirche sehe. Dann geht es rechts ab in einen Innenhof, der von den zahlreichen Gebäuden gebildet wird, wie ein riesiger Gutshof. Die Häuser selbst und der Innenhof mit Blumen, Bäumen und Bänken machen einen gepflegten Eindruck. Das Ganze wirkt wie ein kleines Dorf auf mich, abgeschieden von allem sonstigen Leben, zwischen Wiesen und den mit Mais, Getreide oder Kartoffeln bestellten Feldern. 240 Hektar landwirtschaftliche Nutzfläche gehören zum Petrusheim.

Die Sonne scheint, es ist später Vormittag, ich sehe ein paar Leute, einige rauchen, manche haben Bierflaschen in der Hand. Etliche Bänke sind besetzt. Das Petrusheim ist eine »nasse« Einrichtung, man darf trinken, es sollte nicht zu viel sein. Was ist »zu viel«? Im Keller gibt es eine Art Kiosk mit mehr oder weniger regelmäßigen Öffnungszeiten. Kein schöner Anblick da unten, es riecht muffig, ein Verwaltungsangestellter verkauft Alkohol, Zigaretten und dies und das. Nicht gerade glücklich schaut er drein, die Schlange vor dem Tresen wird nur langsam kürzer. Einer der Kunden hat angeblich schon zu viel angeschrieben, er kriegt nichts und hat Tränen in den Augen. »Seitdem ich hier jenseits von Gut und Böse bin«, kommentiert ein anderer die Szene, »hab ich keinerlei Freiheit mehr. Hier muss man fast die ganze Rente abgeben, kriegt 94 Euro im Monat Taschengeld. Das ist hier die Vorstufe zur Urne.«

Timo (eine Begegnung im Petrusheim)

Er ist 23, der Jüngste hier. Er ist in sich gekehrt und spricht kein Wort, hört aber aufmerksam zu, wenn die Älteren ihre Erinnerungen austauschen. Seit einem halben Jahr ist er im Petrusheim, nachdem er zuvor zwei Jahre mehr oder weniger auf der Straße gelebt hat. Eines Morgens nach dem Frühstück spreche ich ihn an: »Ich hab den Eindruck, du gehörst hier nicht hin. Du hast doch dein Leben noch vor dir!« Da taut er auf und ist bald nicht mehr zu stoppen: »Der Hauptgrund, dass ich zu Hause weg bin, waren die Drogen. Als meine Eltern das rausbekommen haben und mein Stiefvater handgreiflich wurde, da ging das nicht mehr. Da bin ich abgehauen. Rausgeschmissen hätten sie mich so oder so. Ja, und da hab ich angefangen, draußen zu übernachten. Es kam halt auch durch Freunde. Hab mal Marihuana probiert und dann bis zum Speed. Aber weiter bin ich nie gegangen, bei Spritzen, Heroin war für mich Schluss.

Ich hab den Hauptschulabschluss. Auch eine Lehre hab ich angefangen. Aber abgebrochen. Ich hatte sogar eine eigene Wohnung. Aber die konnte ich dann nicht mehr finanzieren und bin wieder auf die Straße. Dann habe ich es noch mal versucht. Ich habe ein paar Hundert Bewerbungen geschrieben und mich beworben als Koch, Tischler, Maler und alles, aber keinen Job bekommen. Vor zwei Jahren habe ich bei minus 16 Grad auf einer Parkbank übernachtet. Ich bin dann morgens im Krankenhaus aufgewacht, wusste nichts mehr von der Nacht. Mich hat wohl jemand dahin gebracht; ich hab vier Tage im Krankenhaus gelegen. Ein guter Freund hat mich bei sich zu Hause aufgenommen, da bin ich von den Drogen weggekommen. Ich hab gesagt: bis hierhin und nicht weiter. Meine Eltern würden mich wieder aufnehmen, aber nur wenn ich eine Lehrstelle habe.

Das Schlimmste hab ich hier ganz in der Nähe in einer Obdachlosenunterkunft in Goch erlebt. Das Gebäude sieht aus, als wenn es aus den Überresten von Abrisshäusern zusammengeflickt wäre. Die Türen kann man nicht richtig abschließen. Total versifft auch die Leute dort drinnen. Da hatten wir welche, die haben sich geritzt; überall Narben. Drogenabhängige, Alkoholiker. Da standen morgens zwei Mitbewohner, die Dealer waren, an meiner Schlafstelle und wollten mir Heroin verkaufen. Als ich sagte, so was nehm ich nicht, hielten sie mich fest und der eine wollte mit der Nadel an meinen Arm, um mich anzufixen und abhängig zu machen. Ich hab schon von Natur aus tierische Angst vor Nadeln und bin ausgerastet, konnte mich losreißen und abhauen. Jetzt verstehst du, warum ich mich hier einigermaßen sicher fühle, obwohl hier auch welche schon mal mit drei oder vier Promille ausflippen.«

Timo ist hier trotzdem fehl am Platz. Aber das Petrusheim finanziert sich durch die Pro-Kopf-Zahlungen der Behörden; möglichst viele Plätze müssen belegt sein. Also findet nicht statt, was in Timos Fall sofort hätte stattfinden müssen: ihn rausholen aus diesem Milieu meist alter und alkoholkranker Männer, eine betreute Wohngruppe ausfindig machen, in der er leben kann und wieder auf die Beine kommt, ihm also eine Perspektive bieten, die ihm weiterhilft.

Ich lerne schon am ersten Tag einige der Bewohner kennen. Man hat Zeit hier, nichts lenkt ab, auch die, die zur Arbeiterkolonie gehören, hängen rum. Früher hat das Petrusheim mit seinen Leuten die Landwirtschaft zum großen Teil selbst betrieben. Heute machen das Leute von draußen, bezahlte Landarbeiter. Die Insassen brächten zu wenig Leistung, seien nicht motiviert und würden nicht mehr so zum Arbeiten gezwungen wie früher, rechtfertigt sich die Heimleitung. Zwar steht im »Betreuungskonzept« der Einrichtung: »Neben den pflegerischen Maßnahmen finden unsere Bewohner ein vielseitiges Beschäftigungsfeld im Petrusheim. In verschiedenen Arbeitsbereichen, wie z. B. der Hauswirtschaft, Technik, Schlosserei, Schreinerei, dem landwirtschaftlichen Betrieb, der eigenen Metzgerei, Gärtnerei und dem Tierpark, können sie sich individuell integrieren und weiterentwickeln.« Aber der Alltag sieht anders aus. Er besteht nach meinem ersten Eindruck aus rumhängen, sich langweilen, rauchen, trinken, vielleicht noch fernsehen. Im Alltag ist auch wenig von den »Hilfeplänen« zu spüren, die das Heim mit jedem Bewohner aus der Arbeiterkolonie vereinbart und dem Landschaftsverband Rheinland vorlegt. Der zahlt dafür einen festgelegten Tagessatz und so wird das Petrusheim heute zum größten Teil fremdfinanziert.

»Ich wisch hier manchmal stundenlang den Boden«, sagt mir Thomas. »Man muss zeigen, dass man was tut. Dann kriegt man auch die Prämie.« Prämie? Ja, zusätzlich zum monatlichen Taschengeld von 94 Euro bekommt man im Petrusheim Geld fürs Arbeiten. Eine »Prämien-Information« hängt aus. Danach gibt es 30 Cent pro Stunde »bei ausreichender Leistung«, 40 Cent für »befriedigende bis gute Leistung« und 50 Cent »bei sehr guter Leistung«. Das hat mit »individueller Integration und der Weiterentwicklung«, wie es im Hauskonzept heißt, wenig zu tun. Wie viele Bewohner lassen sich von den paar Euro motivieren, dem erdrückenden Klima von Perspektivlosigkeit und Mattheit zu entfliehen, das sich hier ausbreitet? Das ist das Kardinalproblem dieser »Arbeiterkolonie«: Als Ghetto weitab von allem Leben ist sie für viele wirklich die Endstation. Das steckt sogar die Jüngeren an, die sich selbst noch nicht aufgeben würden, hätte die Gesellschaft sie nicht längst schon aufgegeben

und abgeschrieben. »Ich komme hier erst mit den Füßen voran wieder raus«, sagt Thomas.
»Hast du keine Außenkontakte«, frage ich ihn, »Familie, Kinder oder so?«
»Das liegt alles weit hinter mir in einem anderen Leben, als ich noch Arbeit hatte«, sagt er. »Und meine Freundin lebt drüben im Frauentrakt!«

»Wenn du ein bisschen Geld hast, dann legst du das auf den Tresen da unten im Keller«, erzählt Thomas. »Das war schon mal anders. Da hatten wir einen echten Kiosk, den hat ein Kumpel von mir geführt. Das war super. Der hat sogar selber kassiert. Dann haben sie uns den wieder weggenommen. Wir werden manchmal behandelt wie die Blöden. Zu doof, um ein paar Euro zusammenzuzählen. Klar, hier leben welche, die sich das Gehirn weggesoffen haben. Für die ist der Laden natürlich auch da. Aber es ist nicht gut, dass die abschätzig behandelt werden, wie Abschaum manchmal. Und außerdem gibt es eben auch andere.«

Es haben sich noch ein paar Leute zu uns gesetzt, alles Ältere mit einem Haufen Erfahrung. Einer von ihnen mischt sich jetzt ein. »Von wegen doof: Ich kapiere schon lange, was hier läuft. Wir sitzen auf dem platten Land und können nicht weg. Eigentlich soll einmal am Tag unser Kleinbus rüberfahren nach Weeze. Fährt auch meistens. Aber wer mitkommen kann – das ist Roulette. Und manchmal fährt er gar nicht. Dann liefert er gerade Fleisch an den Vorstand. Denen geht es gut. Die kriegen super Fleisch hier vom Hof für die Hälfte des Ladenpreises. Und das sind Direktoren!«

Das Petrusheim wird vom Rheinischen Verein für Katholische Arbeitskolonien e. V. geführt. Im Vorstand sitzen der Diözesancaritasdirektor aus Aachen, der Diözesancaritasdirektor aus Münster, ein Vertreter der Erzdiözese Köln und einige Pfarrer aus der Umgebung. Unter ihnen Domkapitular Prälat S. aus Wesel, dem ein ehrenamtlicher Mitarbeiter laut *Rheinischer Post* vorgeworfen hatte, er liebe den Pomp und schikaniere seine Untergebenen »wie ein absolutistischer Willkürherrscher«.

»Die interessieren sich einen Scheißdreck für uns«, pflichtet Thomas seinem Kumpel bei. »Die zocken ab. Ein früherer Heimleiter hat sich sogar sein Haus von Arbeitern bauen lassen, die beim Petrusheim angestellt waren. So sieht das aus!«

»Lass gut sein«, meint ein anderer. »Ich hab hier den Arsch warm, danke. Alles andere ist doch Politik. Interessiert mich nicht. Interessiert hier keinen.« Er nimmt seine Flasche und geht rüber zum Haus, wo die anderen stehen und klönen oder manchmal wirres Zeug reden oder schweigen.

Da knurrt ein anderer, er heißt Matthias: »Immer den Kopf in den Sand! Ich war lange genug im Büro und weiß, was hier läuft. Die haben sich mal ein Programm von irgendeiner Softwarefirma gekauft, zehnmal so teuer wie vom Marktführer. Abrechnungssachen und so. 250 000 Euro! Ich hab ja früher mal selbst in der Branche gearbeitet und nur den Kopf geschüttelt. Nicht nur, weil es viel zu teuer war. Es konnte auch nicht klappen, die hatten keine Ahnung, aber irgendwie die Finger drin. Verwandte, Bekannte, was weiß ich. Es hat natürlich nicht geklappt. 250 000 Euro in der Tonne. Möchte mal wissen, ob da einer den Kopf für hingehalten hat.« (Ich habe später ganz offiziell nachgefragt: Dafür hat niemand den Kopf hinhalten müssen; die Sache wurde als bedauernswertes Vorkommnis verbucht und abgehakt.)

Walter, Berufskraftfahrer (eine Begegnung im Petrusheim)

Walter war jahrelang als Lkw-Fahrer im internationalen Fernverkehr unterwegs, von Norwegen, Schweden und Finnland bis Italien, Frankreich, Spanien, Portugal und sogar Marokko.

»Letztes Jahr musste ich einen größeren Motor runterbringen nach Agadir, Marokko. Erst mal mit Begleitschutz der Polizei quer durch Frankreich. Am Morgen, nachdem wir losgefahren waren, zehn nach vier, bekam ich einen Anruf vom Chef. Ich solle den nächsten Rasthof anfahren, den Schwertransport abkuppeln und schnellstmöglich zurückkommen. Warum, hat er nicht gesagt. Ich war nach dreieinhalb Stunden wieder in unserer französischen Niederlassung. Unsere Disponentin meinte, sie dürfe mir nichts sagen. Deshalb hab ich zu Hause angerufen, ob irgendwas passiert war. Ich kam aber nicht durch, weil permanent besetzt war. Dann sagte mir der Chef: Fahr mit der Zugmaschine nach Hause, du hast jetzt mal Urlaub. Ich hab nur blöd geguckt. Bin dann nach Hause gefahren mit Polizeibegleitschutz. Die wussten nämlich, was Sache war. Sie durften mir auch nichts sagen, war vielleicht besser so.

Ja, und dann kam ich über die luxemburgische Grenze rein und sah unten im Ort nur noch Blaulicht. Ich bin langsam die Straße runtergefahren, da kamen mir schon Nachbarn entgegen und winkten. Dann sah ich unser Haus – der Giebel war weg. Aber auch in diesem Moment hab ich nicht an meine Eltern und an meine Partnerin mit unserem Sohn gedacht. Ein Polizist stoppte mich und meinte, ich könne nicht weiterfahren. Ich nannte ihm meinen Namen. »Oh«, sagte er, »das ist was anderes. Wir machen direkt die Straße frei.« Vor unserem Haus waren Hunderte von Menschen, Feuerwehrmänner, Rettungswagen.

Ja, und dann kam der schwerste Moment. Eine Nachbarin kam auf mich zu und sagte: »Es tut mir furchtbar leid. Sie sind alle vier tot.«

Ich sagte: »Wie bitte? Das glaub ich nicht.« Vier Menschen, mein Vater, meine Mutter, meine Lebensgefährtin und unser Kind. Eine Gasexplosion, hieß es. Ich hab es wirklich nicht begriffen. Dann kam erst mal ein Seelsorger zu mir rüber. Ja, und das war dann das Ende der Fahrt. Bis zum heutigen Tag. Jetzt, nächste Woche, wäre das Jahrgedächtnis.«

Walter hat das alles ohne Zögern erzählt, ohne Pause. Jetzt lehnt er sich zurück, denkt einen Moment nach. Dann spricht er weiter: »Nach der Katastrophe, die ich erlebt habe, bin ich nach Südfrankreich zu einem Kollegen. Da konnte ich etwas abschalten, hab dann aber Heimweh bekommen. Bloß dass da nichts mehr war. Nichts. Ich hab dann im Hotel übernachtet, später nur noch am Wochenende. Die Zwischenzeit hab ich im Auto verbracht, Gott sei Dank nicht draußen auf der Bank. Fast sechs Monate hab ich nur im Auto gelebt, hab überall gestanden, in der Eifel, am Niederrhein, zeitweise auf Autobahnraststätten, und dann wieder kurz im Hotel zum Duschen.

Ich habe alle Kontakte abgebrochen, war auf mich allein gestellt, weil ich es so wollte. Sonst wäre ich nie zur Ruhe gekommen. Innerlich bin ich immer noch aufgewühlt. Da lässt sich wohl nichts dran ändern. Aber den ziemlich großen Freundeskreis unter den Lkw-Fahrern habe ich behalten, das geht weltweit. Man hat mich aus Marokko und Schweden angerufen und mir Glück gewünscht. Und den Frieden, dass ich wieder zu mir selber finde. Zwei SMS hab ich noch immer auf meinem Handy, die schaue ich regelmäßig an, weil sie mir sehr viel bedeuten.«

Walter ist schon seit einiger Zeit im Petrusheim. Er macht bei der Arbeitstherapie mit, hat zweimal in der Woche Gespräche mit den Sozialarbeitern und ist dankbar, dass man ihm zu helfen versucht. Ob er zurück in seinen Beruf will? Nicht als einfacher Lkw-Fahrer und auf keinen Fall im Fernverkehr, sagt er.

»Das Leben eines Lkw-Fahrers schlaucht total, die Fahrer kriegen keine 40, 50 Stunden Schlaf die Woche, wie es nötig wäre.

Ich bin mal 48 Stunden durchgefahren. Von Norwegen runter mit dem Schwertransport bis nach Marokko, von dort leer zurück nach Paris, in Paris hab ich was aufgenommen für Würzburg. Und alles in einem Zug durch. Zweieinhalb Stunden Schlaf in zwei Tagen. So sieht die Realität aus.«

Ich schaue ungläubig. Das ist unmöglich, denke ich, auch wenn ich selbst nicht viel Schlaf brauche.

Walter lächelt: »Dafür braucht man natürlich Aufputschmittel, Koffeintabletten, davon sollte man nicht zu viel nehmen, mehr als vier sind nicht ratsam. Dann kann man eine ganze Woche durchfahren, weil die so lange anhalten, dass man gar nicht müde wird. Außerdem nehmen wir alle viel Kaffee, auch Kaffee mit Kognak. Ist natürlich verboten, wird aber in Maßen von der Polizei geduldet. In manchen Wochen hatte ich nur sechs Stunden Schlaf. Ich bin im Ausland permanent durchgefahren. Ja, Zeit ist Geld, man hält sich gerade so über Wasser.

Aber ich möchte nicht mehr so weite Strecken fahren. Ich hab genug Schlechtes, auch Gutes gesehen auf meinen Fahrten durch die vielen Länder. Ich brauch das nicht mehr. Ich brauche so etwas wie ein normales Leben.«

Jetzt ist Rainer, der schon die ganze Zeit zugehört hat, nicht mehr zu bremsen. »Manchmal wird man wie ein Kleinkind behandelt«, schimpft er. »Das Taschengeld, das uns laut Gesetz zusteht, wird den meisten gar nicht ausgezahlt. Man kriegt Gutscheine, die man in diesem Kellerloch einlösen kann für Bier oder irgendeinen Mist. Dagegen habe ich mich allerdings erfolgreich gewehrt. Ich habe ein Recht auf die paar Kröten. In bar.« Er zieht an seiner Zigarette und beruhigt sich etwas. »Na gut, ansonsten muss man sich natürlich irgendwie arrangieren, die Regeln einhalten. Aber ich bin immer auch so ein bisschen Rebell in so einer Einrichtung. Kann meinen Mund nicht halten. Vor allem bei der Obrigkeit nicht. Ich ärgere mich einfach über diese Bezahlung bei der Beschäftigungstherapie. Aber ich mach's trotzdem, Tischlerei, Hauswirtschaft, Telefondienst und so was. Na ja, und Putzen. Keine Höchstleistungen, können sie auch nicht erwarten bei dem Geld. Aber ich geh bald wieder, ich brauch das hier nicht auf Dauer. Dann krieg ich wieder meinen Stempel in den Pass ›Ohne festen Wohnsitz‹. Und zieh los. Ich bin Vagabund, ja, das bin ich eigentlich.«

Jetzt, wo es wieder wärmer wird, kann ich mir Rainer als selbstbewussten Clochard gut vorstellen. Seine Augen leuchten, wenn er von seinem baldigen Aufbruch erzählt. Es gibt nicht nur arme Schweine unter den Leuten auf der Straße, denke ich. Es gibt auch die anderen, zu denen Rainer gehört. Auch wenn er mir später erzählt, dass er so einiges hinter sich hat. 15 Jahre am Stück war er auf der Straße. »Das ist harte Arbeit, das stresst den Körper mehr, als irgendwo in einem Büro zu sitzen. Wir sind ständig unterwegs, wir wissen nicht, was morgen ist.« Dann berichtet er von zwei Erlebnissen, die ihn fast das Leben gekostet hätten. »Im schönen Oberschwaben, direkt am Lech, hab ich Platte gemacht. Da war so eine Uhr mit Thermometeranzeige. Als ich wach geworden bin morgens, zeigte die minus 23 Grad. Nachts musste es also noch kälter gewesen sein. Als ich dann meinen Schlafsack zusammengerollt hatte und die Isomatte einpacken wollte, ging das nicht. Die war festgefroren, weil sich durch mein Schwitzen Kondenswasser gebildet hatte, das zu Eis geworden war.«

Wenn das noch wie eine Landsergeschichte im Kampf ums Überleben klingen mag, dann kann das Folgende nur einem Obdachlosen passieren: »Da bin ich mal in Baden-Württemberg von drei Skinheads, also so Rechtsradikalen, zusammengetreten worden. Die hatten aber erst gewartet, bis ich im Schlafsack drin war und mich kaum noch wehren konnte. Bis ich da wieder rauskam, das dauerte eine Weile. Die haben mich richtig zusammengetreten. Das war echt unangenehm.«

Er erzählt auch dieses Erlebnis auf seine lakonische Art. Manche Ereignisse werden besser untertrieben. Sonst lähmt die Angst vor einer Wiederholung zu sehr. Rainer aber hat sein Leben auf der Straße nicht aufgegeben. Auch wenn er manchmal körperlich am Ende ist: »Wir haben ständig zu schleppen. Ich habe einen Rucksack dabei von 40 Kilo, den muss man erst mal sein halbes Leben auf dem Buckel haben. Das macht dich auf die Dauer kaputt. Ich habe Arthrose in allen Gelenken, habe zwei künstliche Hüftgelenke. Mit 45!«

Und dennoch: »Das Leben auf der Straße ist wie eine Sucht. Aber eine Sucht, die auch frei macht. Man kann Glücksmomente haben. Kleinigkeiten sind das. Wenn es grün wird draußen, wenn der Frühling kommt. Wenn die Knospen über Nacht sprießen. Das macht mich glücklich. Weil dann weiß ich, es kommt wieder eine Zeit, wo es mir gut geht.«

Rainer schwärmt davon, wo er überall war, dass er es nirgendwo länger ausgehalten hat. »Das ist ein Wandertrieb. Ich weiß nicht, wo der herkommt. Aber bei mir ist er ganz stark.« Rainer ist gelernter Gärtner, hat ein Seemannsbuch, war ein halbes Jahr in Australien und hat dort Schafe geschoren, drei Jahre hat er in Afrika gelebt, zuerst in Marokko, dann weiter im Süden. Er war aber auch fünf, sechs Jahre Vollalkoholiker, zu nichts anderem als zum Saufen in der Lage, bevor er »Vagabund« wurde. Er verfügt jedenfalls über das, was man Lebenserfahrung nennt. Und er kann das rüberbringen.

»Die Straße verändert die Menschen, manchmal zu ihrem Vorteil, manchmal zu ihrem Nachteil, es kommt ganz darauf an. Ich kenn Leute, die waren Professoren, Ärzte, und die sind heute auf der Straße. Sie sind einfach plötzlich rausgefallen aus diesem System, konnten sich nicht mehr finanzieren. Dann kamen vielleicht noch ein, zwei Schicksalsschläge dazu und die haben sie dann auf die andere Bahn gebracht. Nicht auf die schiefe Bahn, das kann man, glaube ich, so nicht sagen. Aber auf eine andere Bahn, in ein anderes Leben geworfen.«

Rainer steht auf, will sich ein bisschen die Beine vertreten. Ich schließe mich an. Wir verlassen den großen Innenhof und schlendern zuerst zum Friedhof. Am Ende der »Hauptstraße« liegt das große Geviert. Etwa 300 grobschlächtige Kreuze aus Beton in Reih und Glied und immer gleichem Abstand, mit Namensschildern aus Metall, vermitteln den Eindruck eines Soldatenfriedhofs. Aber anders, als es die Uniformität und Gleichmacherei nahelegt, sind die hier bestatteten Obdachlosen nicht im »Kampf fürs Vaterland« gefallen. Sie sind gestorben in ihrem ganz individuellen Kampf um ein menschenwürdiges Leben. Doch die Institutionen, die sich ihrer annahmen, haben ihnen nicht einmal im Tod Respekt gezollt. Keine Büsche oder Blumen oder immergrüner Pflanzenschmuck, nichts als kahle Erde oder Gras und die Steine. Kalt, unpersönlich, gleichgültig. Kein Ort der Trauer und des Gedenkens.

Aber Rainer weiß auch hier mehr: »Das ist schon besser als ein normales Armengrab. Da gibt's nur Holzkreuze. Und vorher werden die Toten nach Holland gekarrt, weil dort das Verbrennen billiger ist. Oder sie bleiben gleich da und ihre Asche wird verstreut. Das ist noch billiger.«

Ich entdecke an zwei frischen Gräbern Blumenschmuck, Schnittblumen, die langsam verwelken. »Vielleicht Angehörige«, sagt Rainer. »Oder ein Partner aus dem Heim. Das gibt es nämlich auch: Liebe im Petrusheim.«

Das tröstet mich wenig. Der Eindruck von tiefer Trostlosigkeit bleibt. Wir verlassen den Friedhof. Am anderen Ende der »Hauptstraße« liegt die Kirche. Wir gehen hinüber. Ein schwarzes Auto überholt uns, zwei Männer steigen aus und wuchten einen Sarg von der Ladefläche. »Mein Beileid«, sagt Rainer. »Bringt ihr jemanden?«

»Irgendwer vom Haus«, antwortet einer der Männer. »Packt mal mit an.« Der Sarg ist schwer, er kracht auf den Boden, als wir ihn aus dem Auto herausheben. Rainer mahnt zur Vorsicht und ich frage die beiden, wie sie den Sarg denn hätten allein in die Kirche transportieren wollen. Sie wären mit dem Wagen reingefahren, meinen sie, bis zum Altar, kein Problem. Wir heben den Sarg wieder an, gehen mühsam weiter. Als wir ihn endlich am Altar haben und absetzen, schlage ich vor, eine Kerze anzuzünden, einen Moment zu verweilen, mir geht die Hektik auf die Nerven, mit der hier der Tote abgeladen wird. Es kommt mir vor wie eine Entsorgung von irgendwelchem Müll. Die Männer winken ab und gehen. Wir bleiben noch eine Weile, in uns versunken, und kehren dann auch um.

Im »Dorf« gehe ich noch einmal zum Aushang mit der »Prämien-Information«. Ich hatte so eine vage Erinnerung. Da steht tatsächlich im letzten Absatz unter »Prämien für das Bierabladen und für Beerdigungen«: »Für das Bierabladen gibt es eine Prämie von 2,50 Euro. Für das Sargtragen bei Beerdigungen wird auch eine Prämie von 2,50 Euro gezahlt.«

Bei vielen meiner Begegnungen mit den Gestrandeten und Ausgestoßenen muss ich an Friedrich Nietzsches Gedicht »Vereinsamt« denken:

Die Krähen schrein
Und ziehen schwirren Flugs zur Stadt:
Bald wird es schnein –
Wohl dem, der jetzt noch Heimat hat.

Nun stehst du starr,
Schaust rückwärts, ach! wie lange schon,
Was bist du Narr
Vor Winters in die Welt entflohn?

Die Welt – ein Tor
Zu tausend Wüsten stumm und kalt!
Wer das verlor,
Was du verlorst, macht nirgends Halt.

Nun stehst du bleich,
Zur Winter-Wanderschaft verflucht,
Dem Rauche gleich,
Der stets nach kältern Himmeln sucht.

Flieg, Vogel, schnarr
Dein Lied im Wüstenvogel-Ton.
Versteck, du Narr,
Dein blutend Herz in Eis und Hohn.

Die Krähen schrein
Und ziehen schwirren Flugs zur Stadt:
Bald wird es schnei'n –
Weh dem, der keine Heimat hat!

Franziska, 7 Euro: Ein Selbstversuch

Von Sibylle Hamann

In Ihrem Buch *Saubere Dienste – Ein Report* (Residenz Verlag) beschreibt die Wiener Journalistin Sibylle Hamann die Welt der haushaltsnahen Dienstleistungen und der Frauen, die dafür zu Niedriglöhnen in Wohnungen und Häuser geholt werden. Putzfrauen, Babysitter, Pflegerinnen, in Privathaushalten. Sie arbeiten hinter verschlossenen Türen, mitten in der Privatsphäre der Kunden. Um sich in die Welt der neuen Dienstboten einfühlen zu können, ist Sibylle Hamann unter falschem Namen putzen gegangen. Es ist das erste Kapitel des Buches.

Es ist halb acht Uhr morgens, über die Hauptverkehrsstraße donnert der Frühverkehr. Dreispurig in die eine Richtung, vierspurig in die andere. Die Sonne kämpft sich langsam durch den Smog. Bauarbeiter, Kinder mit Schulranzen, Lieferanten. Vor der U-Bahn-Station werden die Boxen mit Gratiszeitungen neu befüllt. Ich kenne die Gegend gut, aber um diese Zeit war ich noch nie hier. Alles fühlt sich fremd an. Ein entfernter Bekannter zieht zwei Kinder hinter sich her über den Zebrastreifen. Ich erschrecke, drehe mich weg, er schaut kurz durch mich hindurch. Er hat mich nicht erkannt.

Ich sehe anders aus als sonst. Trage Turnschuhe und Jogginghosen. Die ausgebeulten von ganz hinten aus dem Schrank. Die Haare sind unter einem geblümten Tuch versteckt. Ich habe nur einen Straßenbahnfahrschein dabei, ein am Vortag gekauftes Wertkartenhandy und 10 Euro in bar. Keine Handtasche, keine Wimperntusche, keinen Terminkalender, keine Bankomatkarte, kein Smartphone, nichts, was mich verraten könnte. Heute heiße ich Franziska.

Ich bin viel zu früh dran. Beim Lebensmitteldiscounter kaufe ich noch eine in Plastikfolie eingeschweißte Brezel. Wer weiß, wann ich etwas zum Essen bekomme. Drücke mich in den Hauseingang gleich neben dem Pornokino und starre abwechselnd auf das Klingelbrett und auf die Autokolonne, die eben durchdringend zu hupen begonnen hat. Noch zehn Minuten. Zu früh sollte ich nicht läuten. Zu lange sollte ich allerdings auch nicht im Hauseingang herumstehen. Was, wenn mich jemand anspricht? Ich bin nervös. Es ist mein erster Job.

Zwei Stunden später stehe ich zwei Stockwerke über dem brausenden Verkehr, einen Fuß auf dem Fensterbrett, eine dunkelgraue Brühe rinnt mir den Unterarm herunter und alle Angst ist verflogen. Sprühen, wischen, sprühen, wischen, siebenmal hintereinander, ein achtes Mal auch noch, die Brühe rinnt in den Ärmel hinein, aber dann, endlich, hat man den Ruß besiegt. Der Rahmen ist sauber, durch die klare Scheibe strahlt die Vormittagssonne. Ich wische mir mit dem geblümten Tuch den Schweiß von der Stirn und begutachte mein Werk. Ich bin Putzfrau. Ich bin gut. Ich bin stolz auf mich.

»Franziska, 7 Euro«, stand in der Annonce, die mich in diese Wohnung, auf dieses Fensterbrett gebracht hat. Es ging sehr schnell. Alles, was man braucht, um in fremder Menschen Leben einzudringen, sind ein Vorname und eine Handynummer. Dann kann man in einer Gratiszeitung inserieren oder sich auf einer der zahlreichen Online-Plattformen durch die Annoncen klicken. Die Rubriken heißen »Dienstleistungen«, »Privat« oder »Haushalt«. Soll man jedoch unter »Angebot« suchen? Oder unter »Nachfrage«? Mit dieser Begriffsunsicherheit ist man, wie die Inserate zeigen, nicht allein; schließlich bietet der Arbeitgeber einen Job an und die Arbeitnehmerin ihre Arbeitskraft.

Andere Begriffsunschärfen sind schneller durchschaut. »Offenheit für mehr« ist ein ziemlich eindeutiges Codewort; ebenso wenn eine Frau gesucht wird, »die mich und meine Wohnung verwöhnt«. Misstrauen ist angebracht, wenn der angebotene Stundenlohn über 10 Euro liegt, und ebenso, wenn betont wird, wie wenig zu tun sei. Man wird in »eine kaum benützte kleine Zweitwohnung« bestellt, die »gar nicht viel Arbeit macht«? Was soll man dann dort?

Vertrauensbildend ist hingegen, wenn man einen Nachnamen liest. Wenn die Art der Arbeit genau beschrieben wird (Hemden bügeln; das Kind donnerstags aus der Schule abholen; Essen kochen, aber bitte glutenfrei). Vertrauensbildend ist, wenn ein Arbeitgeber viel von sich und seiner Lebenssituation preisgibt. (»Wir sind Chaoten und suchen jemanden, der die Wohnung jeden Freitag in einen besuchsfähigen Zustand bringt – kein Putzen, nur Aufräumen!«; »Wir haben eine lebhafte Zweijährige, demnächst kommt das zweite Kind.« »Ich sitze im Rollstuhl, bin 90 Kilo schwer und brauche Assistenz beim Waschen.«).

Ein paar Stunden, ein paar Tage vielleicht braucht es, um sich auf diesen Tonfall, diese Terminologie einzustimmen. Sich die vielen möglichen Begegnungen vorzustellen und zu überlegen, auf welche davon man sich einlassen will. Man fasst Mut; man beginnt, das Telefon abzuheben, wenn es klingelt; man ruft wildfremde Menschen an und staunt, wie rasch man ihnen näherkommt.

Franziska heißt in Wirklichkeit nicht Franziska, aber sie will niemanden betrügen und niemandem das Leben schwer machen. Viele Jobs kommen daher nicht infrage. Für Assistenzdienste bei Behinderten werden in der Regel Helfer gesucht, die Zahlungsbestätigungen ausstellen – das geht unter falscher Identität nicht. Für die Altenpflege fehlen Franziska die Erfahrung und medizinische Grundkenntnisse. Babysitten kann sie zwar – doch irgendwie hat sie ein schlechtes Gewissen bei dem Gedanken, gestresste Jungeltern, die auf der Suche nach einer längerfristigen Vertrauensperson sind, nach ein, zwei Besuchen wieder sitzen zu lassen.

Bleibt also das Putzen. Zum Beispiel bei Frau D. In einem schmucken Einfamilienhaus im Villenviertel, einem gutbürgerlichen Haushalt mit einem Messie-Problem. Zwei feuchte Hundeschnauzen haben Franziska begrüßt und Frau D. hat sie eingewiesen, wie sie wahrscheinlich schon viele Haushaltshilfen eingewiesen hat. Hier sind die Schwämmchen, dort die Putzmittel. »Die Küche wischen«, lautet ihr erster Auftrag. Doch in dieser Küche ist nichts frei, was man wischen könnte. Da liegen Teedosen, Wecker, Ziermagnete, Ersatzbatterien, Müsli-Probepackungen, Seidenblumen, Werbegeschenke, Ladegeräte, Plastikfiguren, Teile von Küchengeräten, jahrealte Gewürzmischungen und Styroporverpackungen, alles nach keinem erkennbaren System zu komplexen Landschaften ineinandergeschichtet. Frau D. drückt mir eine Sellerieknolle in die Hand, ehe sie die Küche verlässt. Ich versuche, die Knolle irgendwo abzulegen, aber es gelingt mir nicht: auf dem Fensterbrett, auf und in den beiden Kühlschränken, in den Nischen über der Kaffeemaschine, alles voll. Ich lege die Knolle auf den Boden und beginne, die festgebackenen Türme zu entwirren, um die Flächen darunter freizulegen.

Es dauert nicht lange, bis ich begreife, dass die Falle zugeschnappt ist. Hat man nämlich erst einmal alles aus einer Ecke herausgezerrt, kriegt man es niemals mit demselben Volumen wieder in dieselbe Ecke zurück. Dass die Flächen, die darunterliegen, jetzt gewischt sind, wird niemals jemand wahrnehmen. Dafür schaut die Küche jetzt noch chaotischer aus als vorher.

Nach einer Stunde bin ich erschöpft und verzweifelt, meine Arbeitgeberin ist ungehalten. »Sie müssen noch viel lernen«, sagt sie und nimmt mir vorwurfsvoll das Schwämmchen aus der Hand. Etwas in mir will sich verteidigen. Will sagen, dass nicht ich das Problem in dieser Küche bin, sondern alles andere. Aber wer bin ich, dass ich mir ein Urteil über diese Ordnung, diesen Haushalt, dieses Leben anmaße? Ich bin Franziska, 7 Euro. Ich nicke bloß.

Während ich die Badewanne putze, purzeln mir vom Badewannenrand Dutzende verstaubte Shampoo-Probefläschchen entgegen – soll ich die tatsächlich alle einzeln abwischen? Ich entleere mit den Fingern alle Abfalleimer, ohne die darin befindlichen Plastiksäcke wegzuwerfen, denn die werden, wie mir Frau D. eingeschärft hat, wiederverwendet, »wegen dem Umweltschutz«. Ich arbeite mich mit dem Staubsaugerrohr um Stapel alter Zeitungen herum, da liegt auch eine Ausgabe mit meinem Kolumnenbild, ich platziere zur Sicherheit eines der vielen herumliegenden Gutscheinhefte obendrauf. Ich beziehe das Ehebett frisch, inzwischen kleben schon ganze Büschel von Hundehaaren an meinen Socken. Und irgendwann stehe ich vor einer Dampfbügelstation und schäme mich.

Ich hatte am Telefon behauptet, ich könne bügeln. Doch schon an der ersten Dirndlbluse scheitere ich; der Kragen, die Fältchen, die schwierigen Puffärmel. Ich weiß, dass Frau D. mit ihrem missbilligenden Blick recht hat, doch je mehr Tipps sie mir gibt, desto verstockter werde ich. Ich schicke trotzige Dampfstöße und will sagen: Ich kann das hier nicht, dafür kann ich etwas anderes. Aber das darf ich nicht sagen und es täte hier, an der Dampfbügelstation, auch nichts zur Sache. Schließlich ziehe ich den Kopf zwischen die Schultern und trolle mich davon, schuldbewusst, mit 40 Euro in der Tasche. Frau D. war nicht sehr zufrieden mit mir.

Noch tagelang werde ich Hundehaare an meinen Kleidern finden, noch tagelang wird das Gefühl an mir nagen, ich hätte versagt. Und noch tagelang beschäftigt mich die Frage: Wie hätte sich die Demütigung angefühlt, wäre Franziska keine recherchierende Journalistin gewesen, sondern »echt«? Schlimmer? Weniger schlimm? Andererseits: Was macht die »echte« Haushaltshilfe eigentlich aus und was unterscheidet sie von mir?

In den Augen von Frau D. ist Franziska eine ganz normale, nicht besonders talentierte Österreicherin, die einfach Pech im Leben gehabt hat. Dass ich Mitte 40 bin, zwei schulpflichtige Kinder habe und keine feste Anstellung, musste ich ihr gegenüber nicht erfinden, das entspricht den Tatsachen. Dass Franziska in Trennung lebt und Schulden hat, war zwar gelogen – aber absurd weit weg von meiner möglichen Wirklichkeit wäre es nicht. Wäre Franziska Moldauerin oder Tadschikin – sie könnte sogar mein Politikwissenschaftsstudium, meinen Universitätsabschluss oder meine 20 Jahre Berufspraxis als Journalistin erwähnen, ohne deswegen unglaubwürdig zu werden. Als illegale Ausländerin könnte Franziska genau die sein, die ich bin, Ausbildung, Ambitionen und Familiengeschichte inklusive, und dennoch – oder gerade deswegen – genau jetzt bei Frau D. an der Bügelstation stehen.

Frau S. meldet sich auf mein Inserat mit einer jungen, lebhaften Stimme. Sie wundert sich, dass Franziska akzentfrei deutsch spricht. Ich hatte gemeint, das würde meine Chancen auf einen Job erhöhen. Aber das Gegenteil ist der Fall, zumindest bei Frau S. Wir stehen in ihrer geräumigen Altbauwohnung in der Nähe der Innenstadt, doch meiner potenziellen Arbeitgeberin kommen bereits Zweifel. Eine Österreicherin zu beschäftigen käme ihr irgendwie seltsam vor, sagt sie. »Sie werden doch auch mein Klo putzen müssen.« Das sei mir bewusst, sage ich. Ihr aber wäre es unangenehm, sagt sie, lieber wäre ihr für solch intime Verrichtungen »eine richtige Putzfrau, eine Polin zum Beispiel«. Was kann eine Polin, das Franziska nicht kann? Wo müsste ich herkommen, damit ich ihr Klo putzen darf, ohne ihr Gewissen zu belasten? Wir scherzen ein bisschen. Wir sind einander nicht unsympathisch. Es hilft nichts, dass ich beteuere, wie dringend ich Geld brauche. Frau S. schickt Franziska weg.

»Cleaning, babysitter, I help in house, 7 Euro«, inseriere ich also beim nächsten Mal. Ab jetzt soll Franziska eine Frau sein, die gar kein Deutsch versteht. Gerade erst ist sie in Wien angekommen, kennt hier niemanden, spricht nur ein paar unbeholfene Brocken Englisch. Denn mit glaubwürdigem Akzent deutsch zu reden traue ich mir nicht zu.

Ich rechne nicht mit großem Widerhall. Doch wieder habe ich mich geirrt. Das Telefon klingelt diesmal sofort, kaum dass die Annonce online geht. Noch spätabends um zehn und morgens wieder ab sieben Uhr. Die Freundlichkeit der Anrufer überrascht. Gleich mehrere umwerben Franziska, mit sanften Stimmen, gedrechselten Komplimenten, die meisten in bemühtem Schulenglisch, ein anderer auf Französisch, einer quält sich sogar ein paar nette Sätze auf Russisch ab. Nein, nein, die Sprache sei überhaupt kein Thema, versichern sie. »I come cleaning, yes?«, stottert Franziska und bekommt dafür sogleich das Angebot, dem Anrufer privaten Englischunterricht zu geben. Franziska sei doch so intelligent, sie könne mehr verdienen als 7 Euro in der Stunde. Ob sie sich denn nicht für Kunst interessiere, für Fotografie? Ein Model könne sie werden, man könne sie ganz groß rausbringen, doch, doch, dafür sei sie ganz sicher hübsch genug, sie wisse es bloß noch nicht. Einer bietet an, sie könne gleich bei ihm einziehen und am nächsten Tag schon Kleider kaufen gehen. Nur für »ein bisschen Massage, ab und zu«.

Es muss, so lassen diese seltsamen Telefonate vermuten, eine Dutzendschaft von Männern geben, die dort draußen, in den Weiten des Internets, den ganzen Tag Annoncen screenen und sofort zuschlagen, wenn sie auf dem Marktplatz Frischfleisch wittern.

Herr K. ist anders, das hört man sofort. Geschäftsmäßiger, nüchterner. Er habe vor dem Winter einiges im Haushalt zu erledigen, das er mit seinem kaputten Bein nicht schaffe, sagt er: die Gardinen abnehmen, waschen und wieder aufhängen, die Ventilatoren reinigen und oben im Kasten verstauen. Franziskas Alter interessiert ihn ausschließlich aus technischen Gründen. Ob Franziska fit genug sei, um auf Leitern zu steigen? »Yes, I can«, sagt sie.

Herr K. öffnet die Tür im Unterhemd, mit einem Handtuch über den Schultern. Hinter ihm eine klassische Wiener Substandard-Wohnung, die offenbar in jahrelanger eigenhändiger Bastelarbeit bewohnbar gemacht wurde. Herr K. ist ein stämmiger Mann von etwa 60 Jahren, in seinem Wohnzimmer stehen Turnbänke mit Hanteln, er scheint eben trainiert zu haben. Dennoch wirkt nichts an ihm bedrohlich. Er geht am Stock. Warum, das wird er Franziska im Lauf des Tages noch genauer erzählen.

Doch zunächst geht es an die Arbeit. Herr K. drückt mir 50 Euro in die Hand und schickt mich zum Drogeriemarkt, Scheuerpulver und Bleichmittel kaufen. Er schreibt alles genau auf einen Zettel. Den soll ich der Kassiererin zeigen, wenn ich die grüne Plastikflasche im Regal nicht finde. »Sie sollten ein bisschen Deutsch lernen«, ermahnt er mich, »das ist wichtig, sonst betrügt man Sie.« Die Idee, Franziska könne mit dem Geld abhauen und ihn mit der Hausarbeit sitzen lassen, ist ihm gar nicht gekommen. Auch das Wechselgeld zählt er nicht nach, als ich stolz mit der grünen Flasche zurückkomme.

Bleichmittel ist wichtig in diesem Haushalt, denn Herr K. hat es mit der Hygiene. »Immer die doppelte Menge nehmen«, erklärt er, während er mir zeigt, wie die Waschmaschine funktioniert. »Die doppelte Menge« gilt beim Waschpulver, beim Weichspüler, beim Geschirrspülmittel und auch bei der Küchenrolle. Frau D. hatte mir das Putzen mit Küchenrolle noch verboten, »wegen dem Umweltschutz«, und mir verwaschene graue Stofflappen aus alten T-Shirts und zerrissenen Bettbezügen in die Hand gedrückt. Herr K. hingegen beobachtet meine Sparsamkeit mit Belustigung. »Mehr nehmen, doppelt!«, ermuntert er mich.

Während ich in den kommenden Stunden Möbel wische, die frisch gewaschenen Gardinen aufhänge und eine dicke Schmutzschicht von den Rotorblättern des Ventilators kratze, lerne ich Herrn K. ein bisschen kennen. Das Bild an der Wand zeigt eine Straßenszene aus Bagdad, dort ist er geboren. Der Klapptisch mit der kunstvoll gehämmerten Kupferplatte stammt aus dem Iran, von dort stammt seine Frau. Sie heirateten in Wien, als der Iran-Irak-Krieg ausbrach.

Die Journalistin würde sich für diese Geschichte spätestens jetzt zu interessieren beginnen. Doch Franziska, 7 Euro, muss ihre Neugier zähmen, damit sie sich nicht verrät. Herr K. will nicht aufdringlich sein. Er schaut Nachrichten auf ntv. Einige der Meldungen übersetzt er für Franziska, um sie bei der Arbeit zu unterhalten; er nimmt an, dass sie sich weniger für den Aufstand in Syrien und mehr für die Miss-World-Wahl und für intelligente Hunde interessiert. Ab und zu erkundigt er sich nach ein paar Eckdaten aus ihrem Leben (der Mann in Italien, die zwei Kinder bei der Oma in Moldau, der Rest ist Lüge und Improvisation) und gibt im Gegenzug ein paar aus seinem eigenen preis.

Seit 30 Jahren arbeitet Herr K. als Taxifahrer. Vor 15 Jahren fuhr ihm eine junge Frau auf der Kreuzung mitten ins Auto, es war zwei Uhr in der Nacht, sie hatte Rot, sie war betrunken, sie wollte sich umbringen. Das gelang ihr. Doch auch bei Herrn K. hinterließ der Unfall einen Nervenschaden. Das Bein gehorche ihm seither nicht mehr richtig, sagt er. Es sei schwierig gewesen in den Jahren nach dem Unfall. Drei kleine Kinder, Geldsorgen, Schmerzen, Schuldgefühle, immer öfter gab es mit der Ehefrau Streit. Bis sie eines Tages wegging, nach Amerika, die Scheidung einreichte und ihn mit den drei Buben zurückließ, der jüngste war gerade einmal fünf.

Er habe kochen lernen müssen, grinst er, und richtet für Franziska ein Frühstück her. Er habe sich durchgebissen in all den Jahren, er habe sich bemüht, seine Kinder seinen Stress nicht spüren zu lassen und ein guter Vater zu sein; und er sehe schon, so ähnlich gehe es Franziska momentan auch. »Sie sollten die Kinder nicht zu lange allein lassen«, rät er. »Sie sollten schauen, dass Sie hier in Wien in die

Schule gehen und etwas lernen.« Wien sei eine gute, sichere Stadt. Ob ich mich schon erkundigt hätte wegen Möglichkeiten, sie nachzuholen? Als ich »Visa« stammle, »illegal« und »Passport«, nickt er besorgt. Herr K. kennt sich aus mit Begriffen wie Arbeitsgenehmigung und Fremdenpolizei. Schließlich war er auch einmal »Ausländer«.

Franziska braust noch die Seidenblumengestecke in der Badewanne ab, zupft die Häkeldeckchen zurecht, wischt die Putzkübel aus und verstaut die Trittleiter. Sie hat hart gearbeitet, das Handgelenk schmerzt schon. Herr K. winkt sie neben sich aufs Sofa, es gibt noch etwas, das er ihr zeigen will. Ein Zeitungsausschnitt. »Das ist das Blatt für die gescheiten Leute«, erklärt er, mit einem Bild von seinem älteren Sohn. Der hat in siebeneinhalb Semestern sein Medizinstudium geschafft und damit den österreichischen Rekord aufgestellt. Heute ist er Neurologe an einem bekannten Wiener Spital. Der zweite Sohn, sagt Herr K., sei Wirtschaftsinformatiker, der jüngste – er zeigt auf die Tür zum Nebenzimmer – Musiker, der wohnt noch hier.

Franziska lässt die Tür hinter sich ins Schloss fallen, fällt erschöpft in den Sitz der Straßenbahn, nimmt das geblümte Tuch vom Kopf und massiert sich das Handgelenk. Franziska, 7 Euro, freut sich über die 10 Euro Trinkgeld. Ich hingegen, ich schäme mich ein bisschen.

24 Stunden in der Haut eines Zimmermädchens

Von Géraldine Levasseur

Im Mai 2011 wurde der damalige Geschäftsführer des Internationalen Währungsfonds (IWF), der franzosie Dominique Strauss-Kahn, in New York festgenommen. Der Grund: Verdacht auf Vergewaltigung und sexuelle Belästigung. Naffasitou Diallo, ein Zimmermädchen aus dem Luxushotel, in dem er gewohnt hatte, hatte ihn angezeigt. Die Journalistin und Autorin Géraldine Levasseur und ihre Kolleginnen bei der französischen Zeitschrift *Marie Claire* wollten daraufhin wissen, wie der Alltag von Zimmermädchen aussieht – und starteten diesen Selbstversuch.

Inkognito begab sich unsere Journalistin in ein Palasthotel an der Côte d'Azur, weil sie die Ehre jener Angestellten wiederherstellen wollte, die durch die Affaire des Dominique Strauss-Kahn auf den Rang von Kammerdienerinnen reduziert wurden.

Vor »der Affaire« mit den amerikanischen Eskapaden des Dominique Strauss-Kahn hat Sie keiner auch nur ein Stück für sie interessiert. Hat sich jetzt, wo die Medienwelle wieder abgeebbt ist, ihre Situation verändert? Nicht unbedingt. Viel ist gesagt worden von Naffisatou Diallo, aber zu wenig über die Realität ihres Jobs. Sie selbst hat daraus keine große Sache gemacht. Wie sieht der Alltag eines Zimmermädchens also aus? Was ist das Besondere daran, als Mitarbeiterin in die Privatsphäre der Zimmer eines Luxushotels einzudringen? Was denken sie über die Welt der Reichen und Mächtigen, mit denen sie jeden Tag Kontakt haben? Dies waren die Fragen, die in unserer Redaktionskonferenz auftauchten. Daher beschlossen wir, das Ganze aus unmittelbarer Nähe zu betrachten. Stets eine tapfere Kriegerin im Dienste der Information, dachte ich, zückte Mopp und Schürze und rief in einem der schönsten Palasthotels der Côte d'Azur an.

8.00 Uhr 94 Zimmer, drei Suiten mit einem Durchschnittspreis von 1000 Euro pro Nacht, zwölf Zimmermädchen, ein gnadenloser Arbeitsrhythmus zur Hauptsaison, imposant und erhaben – so steht mir das »Royal Riviera« in Saint-Jean-Cap-Ferrat gegenüber. Ich trete ein, unter den Blicken der Portiers und Gepäckträger, und wende mich an die Rezeption, um nach Madame Corinne zu fragen, der Hausdame. Sie ist diejenige, die mich empfangen will. Eine blonde, sehr schicke Dame erscheint und merkt direkt an, dass ein Zimmermädchen sich niemals im Empfangsbereich für Kunden zeigt. Sie führt mich sofort in die Untergeschosse des Palasts. Dort ist nichts mehr von der luxuriösen Ruhe der Empfangshalle zu spüren. Hier pulsiert es. In der Küche hagelt es Befehle, die Bügeleisen fauchen über die Wäsche, Dutzende kleiner Hände sind emsig beschäftigt.

8.10 Uhr Durch ein Labyrinth von Korridoren eile ich »Madame Corinne« hinterher, die ziemlich schnell geht und dann in ihr kleines Büro eintritt. Sie erklärt mir: »Ein Zimmermädchen in dieser Art von Hotel muss diskret sein, eine Vorstellung von Luxus haben und sich zur Verschwiegenheit verpflichten.« Sie wirft einen Blick auf meine Arme. »Sie müssen die Armbändchen abnehmen und diese pinke Plastik-Uhr!« Ich diskutiere, weil ich meinen Totenkopfring anbehalten möchte. Er ist mein Glücksbringer. Madame Corinne überlegt und akzeptiert. »Dieser Ring wird bei den Kunden nicht gut ankommen, das ist nicht deren Stil. Ein Zimmermädchen darf nie hübscher sein als der Gast oder schöneren Schmuck tragen als er. Der Gast darf an ihr nichts beneiden. Sie sollten unsichtbar sein.«

8.30 Uhr Ich bin bereit, eine unsichtbare Frau zu werden und für 8,50 Euro pro Stunde jeden Tag zwölf Zimmer zu schrubben. Ich werde täglich acht Stunden arbeiten.

8.45 Uhr Die Wäschefrau gibt mir meine Uniform – ein graues Kleid und eine Schürze. Sie schreibt meinen Vornamen hinein und weist mich an, mich in der Personalgarderobe umzuziehen. Dort begegne ich meinen neuen Kolleginnen: Alle sind dunkelhäutig, haben müde Augen und Fotos von Kindern oder ihres Verlobten an der Innenseite ihrer Spind-Türen. Maria (Name von der Redaktion geändert), 35 Jahre alt, wird meine engste Mitarbeiterin. Sie ist portugiesischer Abstammung, schüchtern, steht ständig unter Druck und stürmt gleich los in die Zimmer-Etagen. Ich, hinterher, quäle mich mit dem Rollwagen herum: 22 Handtücher, zwölf Paar Bettbezüge, Staubsauber und zwei 130-Liter-Wäschesäcke, das wiegt schwer.

9.00 Uhr Es muss schnell gehen, ein russisches Milliardärpaar mit einem dreijährigen Kind wird erwartet. Das Kind wird von zwei Nannys begleitet und muss in vollkommener Dunkelheit schlafen. Unsere Mission: Alle Fenster der Suite verdunkeln. Nicht ein Lichtstrahl darf hereinfallen, auch nicht am helllichten Tag.

9.30 Uhr Amanda, 21, eine weitere Kollegin und von den Kapverden stammend, platzt vor Freude. Die Dame aus Nr. 215 hat ein Abendkleid im Papierkorb zurückgelassen. »Ja – alles, was im Mülleimer liegt, ist für uns ... auf diese Weise machen uns die Gäste Geschenke.«

9.40 Uhr Fünf arabische Prinzessinnen mit 16 Koffern sind angekommen. Sie haben fünf Zimmer, verlangen ein zusätzliches für ihr Gepäck und bitten uns, die Koffer auszupacken. Auf Knien richten Maria und ich 50 Paar Louboutins in Reih und Glied und nach Farben aus. Maria sagt mir, dass sie der ganze Luxus nicht beeindruckt. »Manchmal sind die Gäste nett, manchmal fies. Einigen gefällt unsere Hautfarbe nicht und sie verlangen von der Direktion ein weißes Zimmermädchen. Sie sagen uns nichts, sprechen nicht direkt mit uns, aber ich spüre ihre Verachtung.« Die Hausdame bestätigt: »Sie sagen, dass schwarze Haut ihre Kinder erschreckt.« (Sic!) Gewissenhaft und lautlos poliert Maria 14 kristallene Parfumflakons und sortiert Kajalstifte nach Hersteller in vier Zahnputzbecher.

10.00 Uhr Die Zimmer gefallen den Prinzessinnen nicht. Wir haben zehn Minuten, um alles umzuräumen.

10.05 Uhr Nadja, 30, ebenfalls dunkelhäutig, kommt auf die Idee, uns zu helfen. »Die Leute sind schon lustig. Nehmen so viel mit, als wollten sie für den Rest ihres Lebens verreisen!« Nadja lacht die ganze Zeit – außer wenn sie auf den luxemburgischen Gast aus Nr. 116 angesprochen wird. »Vergangenes Jahr hat er mir 1000 Euro Trinkgeld gegeben und mich dann eines Abends im Zimmer eingeschlossen, um mit ihm Sachen zu machen. Ich konnte fliehen, aber er bestand darauf, dass ich ihm seine 1000 Euro zurückgebe. Er sagte mir: ‚Du glaubst doch wohl nicht im Traum, dass ich dir 1000 Euro gebe, ohne etwas zurückzubekommen?'«

Luisa erzählt: »So was kommt dauernd vor. Nackte Gäste auf dem Bett, wenn man das Zimmer betritt, die ihre Absichten in den erstaunlichsten Posen kundtun. Aber ich will keinen Ärger, daher tu ich einfach so, als ob ich nichts kapiere.« Alle Zimmermädchen haben eine Anekdote mit einem nackten Mann im Bad oder im Zimmer auf Lager. Als sie meine Ungläubigkeit bemerken, machen sie sich über mich lustig. »Was glaubst denn du? Wir sind arm und schwarz, sie sind reich und mächtig. Sie meinen, sie können sich mit uns alles erlauben.«

11.45 Uhr Ich spreche mit dem stellvertretenden Direktor. Er ist nicht überrascht. Über den berüchtigten Luxemburger ist er auf dem Laufenden und er weiß auch, wie er Situationen wie diese zu nehmen hat, ohne zu viel Aufsehens darum zu machen. Aber es gibt auch ungelöste Fälle: »Wenn etwas vorkommt, handeln wir sofort und regeln das Problem mit dem Gast. Andererseits erreichen uns gar nicht alle Vorfälle, weil die Zimmermädchen sehr diskret sind.«

Mittag Die hübsche Mouna, kokett mit ihren langen Wimpern, gibt sich fatalistisch: »Wenn wir wegen jeder kleinen Geschichte zur Hausdame gehen würden, hätten wir gar keine Zeit mehr, die Zimmer zu machen. Manchmal fummeln die Gäste an ihrem Ding rum, während wir da sind. Ich versuche dann, möglichst schnell wieder rauszukommen; wird davon richtig übel. Ich weiß, dass die anderen Mädchen sich da widerstandsfähiger geben, weil sie ja auch das Zimmer schnell fertig bekommen möchten. Sie tun einfach so, als ob nichts wäre.« Mouna ist als 13-Jährige aus Marokko eingewandert. Heute ist sie 30 und versucht gerade, Lesen und Schreiben zu lernen. Solche Geschichten mag sie nicht.

12.30 Uhr Maria und ich beeilen uns, schieben den schweren Wagen bis zur Nr. 8, der Suite der Oligarchen. Sie muss vor 13 Uhr fertig sein. Papiere, Taschentücher und Flaschen sind in die Nähe der Abfalleimer geworfen. Frische und gebrauchte Stringtangas sowie Abendkleider sind auf dem Boden verstreut, der Wasserhahn ist nicht zugedreht. »So ist es jeden Tag«, seufzt Maria. Schweigend sammelt sie die Kleider, Schuhe, Strings und Unterwäsche ein. Ich heule auf, als der eklige Inhalt einer Babywindel sich auf einen Prada-Pumps ergießt.

12.40 Uhr Mitten im Chaos fällt mein Blick auf eine Tasche voll mit 100-Euro-Scheinen, die in einem offen gelassenen Wandschrank steht. Waaah! Obwohl sie nur 1300 Euro netto pro Monat verdient, bleibt Maria gelassen. Ich erwähne Diebstahl. Sie sagt, sie würde nicht mal erwägen, auch nur einen kleinen Löffel mitgehen zu lassen. »Aber die Gäste beschuldigen uns oft! Obwohl sie ihre Sachen natürlich immer wiederfinden. Natürlich entschuldigt sich dann niemand bei uns.« Die Zimmermädchen sind unsichtbar, aber sie sind wesentliche Elemente des Palastes. Eine halbe Stunde später haben wir, dank Marias schier magischer Kräfte, den Saustall wieder in ein Paradies verwandelt. Ich bin erschöpft, aber es gibt noch zehn weitere Zimmer zu reinigen, zehn Betten zu beziehen, zehn Bäder zu schrubben, und das in Rekordzeit. Maria macht nicht mit mir Pause, aber ich kann einfach nicht mehr.

12.55 Uhr Sie begleitet mich auf eine Zigarette und findet, dass ich für ein Zimmermädchen ziemlich neugierig bin. Ich enthülle ihr meine Identität als Journalistin. Sie murmelt: »Vor der New-York-Sache haben sich die Leute nicht für uns interessiert …«

13.00 Uhr Ein Page kommt in den Pausenraum. »Ich bin schon wieder Opfer von Madame T.s Anmache. Sie wollte mit mir tanzen!« Ich erfahre, dass nicht nur die reichen Männer dazu neigen, die Zimmermädchen um Gefallen zu bitten, sondern auch ihre Ehefrauen sich an das männliche Personal heranmachen. »Sie sind aufdringlich«, fährt der Page fort. »Üblicherweise sind sie in den Fünfzigern, sie sind mit ihrem Ehemann hier, sie haben alles, aber sie langweilen sich, daher suchen sie mit uns etwas Zerstreuung.« Der stellvertretende Direktor warnt sein Personal davor, sich mit diesen Damen einzulassen. Er erzählt dann immer dieselbe Anekdote, die sich genauso im Palast abgespielt hat. Die Geschichte eines Fahrers, dem eine Dame drängende Avancen gemacht hat. Schließlich nahm er an einem Abend die Einladung der Dame auf ihr Zimmer an. Der Ehemann kam aus dem Bad und schlug einen Dreier vor. Der Fahrer floh. Am nächsten Tag erzählte die erzürnte Dame dem Hoteldirektor, der Fahrer sei zu ihr ins Zimmer gekommen und zudringlich geworden. Die Überwachungskamera auf dem Flur belegte diese Version der Geschichte und der Fahrer verlor seinen Arbeitsplatz.

13.15 Uhr Mein Telefon piept. Es ist Maria, die mir mitteilt, dass der Gast aus Nr. 212 angerufen hat. Er hat seine Schachtel Kondome im Zimmer vergessen. Ist das ein Witz? Ganz und gar nicht. Es braucht jetzt einen Tauchgang in den Mülleimer, um sie zu bergen.

14.00 Uhr Dem Sohn der russischen Milliardäre gefällt sein Bett nicht. Jemand muss ins Möbelgeschäft fahren und ein anderes aussuchen. Ich lasse die Bemerkung fallen, dass das Kind erst drei Jahre alt ist. Aber ein Mitarbeiter des Hotels ist schon unterwegs, um ein neues Modell aufzutreiben.

15.00 Uhr Auf dem Flur bittet mich die Ehefrau eines reichen Briten, das Fläschchen für ihr Baby warm zu machen. Ich schlage die Mikrowelle vor. Sie verdreht die Augen zur Decke: »Ich verwende die Mikrowelle ausschließlich, um meine Kleider zu trocknen.«

16.00 Uhr Das neue Babybett gefällt dem kapriziösen Kind leider auch nicht. Es schreit. Ich werfe in die Diskussion ein, dass es sich vielleicht in seinem stockfinsteren Zimmer fürchtet, aber die Milliardärseltern sind so bedeutend, dass sich alle Welt um sie kümmert. Ich bin zerschlagen und müde, steige mit meinen schweren Körben voller vollgesogener Handtücher (warum die Handtücher der Gäste alle durchnässt sind, ist ein Mysterium!) in die Wäscherei hinunter. Dabei begegne ich einem Kollegen vom Houskeeping, der sich auf die Suche nach einem Babybett in Mickeymausform macht.

17.00 Uhr Mein Rücken ist kraftlos vom Bettenmachen, meine Knie aufgescheuert vom Badputzen. Marias Augen füllen sich mit Tränen, als sie mir sagt, dass sie allein zwei Kinder durchbringen muss. Dass ihr Leben nicht gerade rosig aussieht und sie eigentlich lieber Friseurin geworden wäre. Wir schleppen uns zu Nr. 12, die Gäste sind vor einer Viertelstunde abgereist, wir haben 14 Minuten, um das Zimmer neu zu machen. Die Anweisungen dafür stehen schwarz auf weiß auf dem Gäste-Karteikärtchen: Federkissen, Blumen in der Suite und niemals darf man einem Zimmermädchen begegnen.

17.10 Uhr Mouna würde ihren Arbeitstag gerne beenden, sie hat noch zwei Stunden Heimweg vor sich. Aber die Gäste aus Nr. 14 verlassen einfach ihr Zimmer nicht. Daher kann sie auch nicht hinein. »Das sind schwierige, nicht sehr liebenswerte Leute. Die bestellen jeden Abend den Room-Service für ihren Hund!«

17.50 Uhr Maria erzählt mir, dass sie in einem Jahr und einem Tag zwölf Gepäckstücke von Louis Vuitton bekommen wird, die in einem Zimmer zurückgelassen wurden, für das sie zuständig war. Die Gäste haben das Gepäck sich selbst überlassen: Eine der Taschen war ein wenig beschädigt, da hat man es vorgezogen, alles neu zu kaufen. Es ist im Hotel üblich, dass zurückgelassene Sachen an die jeweils zuständigen Zimmermädchen gehen. Schuhe, Computer, Montblanc-Kugelschreiber ... die meisten Zimmermädchen warten auf ihren Glückstag. Ein zweifelhafter Trost für diese Frauen im Schatten, diese Opfer der Launen der Reichen dieser Welt.

18.00 Uhr Mein Rücken ist krumm und bucklig. Nadia und Maria gehen, wie sie gekommen sind: durch den Personaleingang. Ich habe die Chance, in mein privilegiertes Leben zurückzukehren, für sie beginnt nun ein zweiter Arbeitstag: Es sind Kinder zu erziehen, die Wäsche zu machen, das Essen zu kochen und die Wohnung zu putzen. Die Last ihrer Schürze legen sie niemals ab.

»Was haben Sie denn da?«

Von Alan Posener

Alan Posener ist ein britisch-deutscher Journalist. Er schreibt Bücher sowie Beiträge für deutsche und internationale Print- und Online-Medien. Für die *Welt am Sonntag* ist er mit einer elektronischen Fußfessel unterwegs gewesen.

Mit der elektronischen Fußfessel auf dem Kinderspielplatz, im Freibad, am Flughafen: Was man erlebt, wenn man versucht, wie ein entlassener Schwerverbrecher auszusehen.

Zuerst klingt es wie eine gute journalistische Idee: ein paar Tage mit einer elektronischen Fußfessel in Berlin herumlaufen. Wie werden die Mitbürger darauf reagieren, dass unter ihnen ein – ein was? – ein entlassener Schwerverbrecher, ein mutmaßlicher Kinderschänder? – sein Wesen treibt? Beim Anlegen aber kommen erste Zweifel. Was ist, wenn die Fußfessel scheuert? Wenn sie einen beim Schlafen stört? Wenn sie die Ehefrau stört? Abmachen kann man das Ding nur, indem man es zerstört.

Die Sorgen erweisen sich als unberechtigt. Das Ding ist leicht, es sitzt fest, aber nicht zu fest, und nach einer Weile merkt man es gar nicht mehr. Da liegt allerdings auch ein Problem: Die Umwelt merkt ebenfalls nichts. Man muss schon auffällig-unauffällig die Hose ein wenig hochrutschen lassen, damit die Fußfessel überhaupt sichtbar wird. Schaut mich mein Gegenüber in der S-Bahn ein bisschen komisch an? Oder werde ich paranoid? Ich bin einer, der auch dann rot wird, wenn man ihn einer Sache bezichtigt, die er gar nicht begangen hat. Mit der Fußfessel am Bein fühle ich mich auch ein wenig schuldig, nachts träume ich vom ultimativen Verbrechen: mit 80 durch eine verkehrsberuhigte Zone fahren. Sieht man mir die Schuld an?

Offenbar nicht wirklich. »Du siehst einfach zu nett aus«, sagt mir ein Kollege. Also greife ich zu verzweifelten Maßnahmen: Ich will ins Freibad gehen. Mit einer kurzen Hose am Kinderspielplatz herumlungern. Schließlich versuchen, in ein Flugzeug zu steigen.

Im Prinzenbad in Berlin-Kreuzberg ignoriert man mich geflissentlich. Man ist dort einiges gewöhnt; auf den Liegewiesen kommt es schon mal zu Massenschlägereien. Vielleicht hält man das Gerät an meinem Knöchel auch nur für einen neuartigen Blutdruckmesser oder Rundenzähler. Schließlich spricht mich doch jemand an. Aber von dem Ding an meinem Bein spricht er nicht, sondern von seinem Kletterurlaub in der Sächsischen Schweiz. Es könnte der Beginn einer wunderbaren Freundschaft sein, der Mann hat auch noch eine Dose Bier übrig, aber ich habe eine Mission zu erfüllen.

Die Mütter vom Kollwitzplatz am Prenzlauer Berg sind berüchtigt wegen ihrer Militanz gegen vermutete Kinderspanner. Wie werden sie erst auf einen Kinderspanner mit kurzer Cargo-Hose und gut sichtbarer Fußfessel reagieren? An einem sonnigen Nachmittag treibe ich mich am Platz herum, beobachte die hübschen jungen Mütter und die schicken jungen Väter, die im Sand mit ihren Kindern herumtollen, gehe mir ein Eis kaufen, kehre zurück: nichts. Ist das urbane Lässigkeit und Toleranz oder mangelnde Beobachtungsgabe?

Egal, es ist langweilig. Also: einen Flug buchen und ab durch die Sicherheitsschleuse. Aber mit Anzug. Zu einfach will ich es den Sicherheitsleuten ja nicht machen.

Kurz vor der Kontrolle auf dem Flughafen Tegel wird mir doch ein wenig mulmig. Wie wird der Sicherheitsmann reagieren, wenn er die

Fessel entdeckt? Er reagiert – verblüfft. »Was ist denn das?« Immerhin hat er nicht einen Alarmknopf gedrückt, mich zu Boden gerungen und mir die Arme auf den Rücken gedreht. Also versuche ich es auf die renitente Tour. »Wie sieht es denn aus?« – »Tja«, sagt er, »da muss ich mit meinem Kollegen sprechen.« Dem Kollegen von der Polizei nämlich. Der ist groß und hat eine Waffe, nähert sich aber respektvoll und sagt: »Dürfte ich mal sehen, was Sie da haben?« Ich zeig ihm, was ich habe. »Das ist eine elektronische Fußfessel, nicht?«, sagt er aus dem Mundwinkel, damit es die anderen Passagiere nicht mitbekommen. Die schauen aber nicht hin oder tun wenigstens so. Ich nicke. Zählt ein Nicken schon als Lüge? Man will die Polizei nicht anlügen, auch dienstlich nicht. »Tut mir leid«, sagt der Polizist, »ich muss mal Ihren Ausweis sehen.«

Panik. Ich finde meinen Ausweis nicht. Dann finde ich ihn doch und gebe ihn dem Beamten. Der macht einen Anruf. Vermutlich lässt er überprüfen, ob ich in irgendeiner Terroristendatei bin. Dann kehrt er zurück. »In Ordnung, Sie dürfen fliegen.« Ich bin fast enttäuscht. Dann sagt er, wieder aus dem Mundwinkel: »Darf man fragen, weshalb Sie das tragen müssen?« – »Muss ich Ihnen das sagen?« – »Nee, nee, natürlich nicht, ich frage man bloß.« – »Na ja«, sage ich und versuche, etwas gefährlich auszusehen. »Ich sage nur: Kachelmann. Sie wissen schon.« Er nickt weltmännisch. »Alles klar. Guten Flug.«

Kein Sprengstoffhund beschnüffelt das Gerät an meinem Knöchel, mein Wort als Verbrecher genügt, dass ich eine Fußfessel trage und keine Bombe. Die Höflichkeit, mit der ich behandelt werde, ist so erstaunlich, wie die Nachlässigkeit, mit der ich an Bord des Fliegers gewinkt werde, beunruhigend ist. Stigmatisierung durch die Fußfessel? Ich kann die Besorgten beruhigen: keine Spur. Und das, so scheint mir nach dem Selbstversuch, ist ohnehin die falsche Frage.

Bei allem Mitgefühl mit frühzeitig entlassenen Sexualverbrechern oder meinetwegen mit Leuten, die, statt Untersuchungshaft zu ertragen, eine Fußfessel tragen müssen, wie es gerade diskutiert wird: Entscheidend ist die Frage, ob die Fußfessel die Öffentlichkeit schützt. Und nicht, ob sie den Verbrecher – oder auch nur den Beschuldigten, für den immerhin die Unschuldsvermutung gilt – stigmatisiert. Ohnehin ist die Fessel erheblich angenehmer als das Gefängnis, wie ich aus Erfahrung – als Dauerdemonstrant in den 70ern kam das halt vor – berichten kann.

Sicherheit durch die Fußfessel also? Schwer zu sagen, denn sie war nicht aktiviert. Wäre sie mit einem Ortungsgerät verbunden gewesen, hätte mich die Polizei dann rechtzeitig hindern können, etwa kleine Kinder im Freibad oder auf einem Spielplatz, auf der Straße anzusprechen? Diese Frage könnte erst eine andere Versuchsanordnung beantworten, bei der man eine aktivierte Fußfessel trägt und mit allen Mitteln versucht, sich der Kontrolle durch die Polizei zu entziehen. Das klingt nach einer guten journalistischen Idee. Also, wenn die Polizei mitmacht: Fortsetzung folgt.

Obdachlos im Winter des Geldes

Von Tobias Krüger und Heiko Gärtner

Heiko Gärtner und Tobias Krüger sind Survival-Experten. Die beiden Oberpfälzer bieten Natur-Erlebnistrainings, Outdoor-Reisen, Gruppenseminare, Touren und Kinder-Events an. Im Januar 2012 begaben sie sich für zwei Wochen auf »Landstreichertour« und lebten als Obdachlose auf den Straßen Deutschlands. Ihre Tour führte sie über Nürnberg nach Frankfurt am Main, Köln, Stuttgart, Memmingen, Friedrichshafen und Lindau. Ohne Geld, Schlafsäcke oder Survival-Ausrüstung zogen sie mitten im Winter los. Über ihre Erfahrungen wollen sie ein Buch schreiben. Bei ihrem Experiment lernten sie nicht nur das Leben auf der Straße kennen, sondern auch viele Menschen, die sie oft überraschten. Etwa in Frankfurt am Main.

Jetzt schlenderten wir also bei gut zehn Grad minus mitten in der Nacht durch Frankfurt am Main, in der Hoffnung, irgendwo einen Schlafplatz aufzutreiben. Heiko kannte die Stadt noch ein wenig aus seiner Zeit als Angestellter bei einer Versicherung. Das brachte uns aber nicht weiter, denn auf einen kostenlosen Schlafplatz im Maritim- oder im Mariott-Hotel machten wir uns wenig Hoffnung. Für mich war die Stadt völlig unbekannt.

Die freundliche Dame, die uns beim Trampen mitgenommen hatte, hatte uns am Hauptbahnhof rausgelassen. Von hier aus gingen wir auf die Skyline der Bankenhochhäuser zu, die sich funkelnd vom Winterhimmel abhob. Dass wir dabei mitten durch das Rotlicht- und Drogenviertel der Stadt laufen mussten, ließ die ohnehin schon spezielle Atmosphäre dieser Nacht noch skurriler erscheinen. Was wir dann jedoch sahen, stellte alles andere in den Schatten. Wir hatten die letzten Häuser des düsteren Viertels hinter uns gelassen und schauten nun fasziniert auf die überdimensionierten Phallussymbole der Finanzgiganten aus Stahl, Glas und Beton, die in den Nachthimmel ragten. Unfähig, den Blick von den Hochhausspitzen zu lösen und wieder nach vorne zu richten, stolperten wir über etwas, das wir als Allerletztes an dieser Stelle erwartet hätten. Eine Zeltschnur! Mitten im Bankenviertel befand sich eine Zeltstadt mit allem drum und dran. Vom Küchenzelt bis zum Versammlungspavillon, vom Infostand bis zum Lagerfeuerplatz, von Schlafzelten bis zum Toilettenhäuschen. Und das, wo wir zwei verlorenen Seelen uns bei dieser Kälte nichts mehr wünschten als einen gemütlichen Schlafplatz.

Wie wir von den Leuten am Infostand erfuhren, handelte es sich bei dem Camp um das von »Occupy Frankfurt«, einer antikapitalistischen Demo-Bewegung, die mit allem sympathisierte, was sich gegen Ungerechtigkeit, Ausbeutung und Gewalt aussprach. Occypy hatte den Platz schon seit Oktober vergangenen Jahres besetzt und war ein Teil der Bewegung, die als »Occupy Wall Street« begonnen und sich inzwischen weltweit ausgebreitet hatte, um auf das korrupte und marode Geldsystem aufmerksam zu machen. Nach einem kurzen, fröhlichen Gespräch, immer wieder unterbrochen durch laute »OCCUPY!!!«-Rufe, wurden wir eingeladen, dem Camp als Gäste und Mitdemonstranten beizutreten.

Wir hatten nichts gegen die Ziele der Demonstranten einzuwenden. Demonstrieren bedeutete hier in erster Linie besetzen. Besetzen wiederum bedeutete um diese Uhrzeit Schlafen auf dem Campgelände und da waren wir natürlich mit Begeisterung dabei. Chriss, ein junger Mann, der seit Beginn bei Occupy mitmachte, zeigte uns unser Zelt. Dann brachte er uns noch Schlafsäcke, Isomatten und Kissen, die unsere Nacht so richtig kuschelig machen sollten. Wir fragten ihn, ob er uns Tipps geben könne, wo wir am besten in Kontakt mit Obdachlosen kommen könnten. Dabei stellten wir fest, dass wir nicht die ersten Landstreicher im Occupy-Camp waren. »Auf ihre Art sind Obdachlose auch Demonstranten gegen das System«, sagte Chriss. »Wer boykottiert den Konsum mehr als sie? Immer wieder kommen welche zum Essen vorbei und manchmal schlafen auch welche hier. Sie sind jederzeit herzlich willkommen!«

Dann erfuhren wir noch von einer U-Bahn-Station, der »Hauptwache«, die im Winter für Obdachlose zur Verfügung steht. Wir beschlossen, dieser vor dem Schlafengehen noch einen Besuch abzustatten.

Die Bahnstation zeigte deutlich, dass das Thema Obdachlosigkeit in Frankfurt ein anderes ist als etwa in Nürnberg. Wie bei einem Flüchtlingslager in einer Turnhalle lagen hier dicht an dicht die Menschen am Boden, gehüllt in dicke Decken oder Schlafsäcke. Einige schliefen, andere unterhielten sich leise mit ihrem Liegenachbarn. Die Grundstimmung war friedlich und tiefenentspannt. Das Ganze hatte eine gewisse Gemütlichkeit. Vor diesem als Notunterkunft deklarierten Bereich der U-Bahn-Station patrouillierten einige Wachleute. Sie passten auf, dass es friedlich blieb und dass keiner der Passanten in die Versuchung geriet, die Obdachlosen anzupöbeln oder zu wecken.

Einer der Wachleute verriet uns, dass es in Frankfurt im Winter sogar einen Kältebus gibt. Dieser fährt auf seiner Route drei Mal pro Nacht an den Orten vorbei, die bei Obdachlosen als Outdoor-Schlafstellen beliebt sind. Wenn dort jemand liegt, der doch eher ein Dach über dem Kopf braucht, so wird er eingesammelt und zu einem der Schlafplätze gebracht. Außerdem gibt es einige feste Stationen, die regelmäßig angefahren werden. Von hier aus kann man sich zu einer der Notschlafstellen in Frankfurt bringen lassen. Das Geniale an der Geschichte ist, dass man sogar Decken bekommt, wenn man mit diesem Bus zur Hauptwache fährt. Da wir zu Fuß und somit deckenfrei gekommen waren, beschlossen wir, in unsere Zeltunterkunft im Demo-Camp zurückzukehren. Draußen fiel inzwischen Schnee. Klirrende Kälte. In der Hoffnung, dass das Camp nicht ausgerechnet in dieser Nacht geräumt werden würde, packten wir uns dick in die geliehenen Schlafsäcke und schliefen sofort ein.

So viele Vorzüge das Leben als Landstreicher auch hat, lange schlafen gehört eindeutig nicht dazu. Überall, wo man nachts in Großstätten in Ruhe schlafen kann, wird diese Ruhe mit dem Erwachen der Stadt gestört. Die U-Bahn-Station »Hauptwache« eröffnet ihren Betrieb um 6 Uhr morgens und dann ist die Nacht im Matratzenlager vorbei. Auch die Notunterkünfte, in denen wir zuvor in Nürnberg geschlafen hatten, wollten ihre Gäste bereits in den frühen Morgenstunden wieder loswerden. Das hatte uns als alte Nachteulen, die ständig bis weit nach Mitternacht auf der Suche nach neuen Erkenntnissen, Nahrungsquellen und Interviewpartnern waren, auf Dauer eine Menge Schlaf gekostet. Für Demonstranten, auch wenn es landstreichende sind, sieht das anders aus. So konnten wir am folgenden Tag bis um 9:15 Uhr liegen bleiben.

Der Morgen zeigte uns jedoch als Erstes, dass nach vier Monaten der Finanzviertelbesetzung nicht viel mehr als gute Ideale, Hartnäckigkeit, gemeinsames Feiern, Trinken und Kiffen sowie ein alternatives Lebensgefühl von der Occupy-Bewegung übrig geblieben waren. Bei Tageslicht sah die Zeltstadt eher heruntergekommen aus, auch wenn noch deutlich zu erkennen war, dass sie einmal stattlich und eindrucksvoll gewesen sein musste. Die großen Aktionen, die uns am Vortag angekündigt worden waren, fanden nicht statt. Die meisten der Schlafzelte standen leer.

»Ich warte ehrlich gesagt nur noch darauf, dass mir die Stadt ein Gehalt als Fremdenführer überweist, da so viele Leute nur nach Frankfurt kommen, um die Occupy-Bewegung zu sehen«, sagte uns Mark mit sarkastischem Unterton. Wir hatten ihn als einen der Hauptinitiativträger kennengelernt und um weitere Hintergrundinfos gebeten. Auf unsere Frage, ob es bereits Versuche gab, das Camp aufzulösen antwortete er: »Kein einziges Mal! Wieso auch? Sie haben uns sogar einen Wasseranschluss gelegt.« Die Stadt hatte das Camp also bereits als Touristenattraktion akzeptiert.

Wir trafen vor unserem Zelt einen jungen Demonstranten. Er begrüßte uns freudig und stellte sich als politisch aktiver Schizophrene vor. In einer beeindruckenden Geschwindigkeit inszenierte er einen ebenso unterhaltsamen wie sinnfreien politischen Sprachfasching aus Wortneuschöpfungen, Metaphern, Anglizismen, geflügelten Worten und waghalsigen Vergleichen, bei dem sich jeder andere die Zunge gebrochen und die Zähne ausgeschlagen hätte. Damit war er bereits der Dritte, den wir auf unserer Tour getroffen haben, der absolut klar und intelligent war, aber um jeden Preis als verrückt wahrgenommen werden wollte.

Von einigen seiner Kameraden erhielten wir jedoch noch einige Hinweise, die uns bei unserer Unternehmung sehr viel weiterbringen sollten. Im Bahnhofsviertel sollte es mehrere Drückerstuben geben. Das sind kleine Lokale oder Einrichtungen für Heroinabhängige, in denen sie saubere Spritzen bekommen. So können sie ihrem Drogenkonsum zumindest ohne das Risiko von AIDS, Hepatitis und Bakterieninfektionen nachgehen. Hatten wir in Nürnberg noch beschlossen, dass wir uns von Heroinabhängigen fernhalten würden, so waren wir jetzt doch wieder neugierig. Uns war zwar noch immer klar, dass wir von dieser Klientel lieber die Finger lassen wollten. Denn das Risiko, dass plötzlich jemand austickt, ist für uns nicht kalkulierbar. Dennoch stieg unser Interesse mit jeder Minute.

Jetzt mussten wir uns jedoch erst mal auf die Jagd nach einem Frühstück machen. Unsere Gastgeber im Camp berichteten uns von einer Frühstückstafel im »Franziskustreff« der Frauenkirche und von einer Winterspeisung in einer anderen Kirche. Dort könne man als Obdachloser ein gutes Mittagessen ergattern. Als wir am Franziskustreff ankamen, war das Frühstück bereits vorbei. Wieder einmal zeigte sich, dass das Obdachlosenleben ein Frühaufsteherleben ist. Unser Ausflug war dennoch nicht vergebens, denn vor dem Eingang trafen wir einen schüchtern wirkenden, freundlichen Herrn mittleren Alters. Trotz seiner abgetragenen Kleidung sah er auffällig gepflegt aus. Er hatte einen stoppeligen Bart, ergraute, gut gekämmte Haare und unterhielt sich mit einem Mann, der ein alter Bekannter zu sein schien. Irgendwo eine lockere Bemerkung unsererseits in die Runde, und ehe wir uns versahen, waren wir Teil des Gesprächs.

Er lebte nun seit über neun Jahren auf der Straße. Bereits bei seinem ersten Satz merkte man, dass er ein völlig anderer Typ Obdachloser war als alle, die wir bislang kennengelernt hatten. Seine Karriere begann, wie er sagte, als »Sonntagspenner«. Er hatte immer schon in ärmlichen Verhältnissen gelebt und irgendwann begonnen, sonntags die Hilfseinrichtungen der Stadt zu nutzen, um über die Runden zu kommen. Eines Tages geriet er in eine finanzielle Krise. Er verlor seinen Job und kurz darauf seine Wohnung. Vierzehn Tage lang war er obdachlos. Dann gelang es ihm, sein Leben so weit in die Bahnen zu lenken, dass er wieder ein festes Dach über dem Kopf bekam. Ab hier begann der erstaunliche Teil der Geschichte. Während er seine neue Wohnung einrichtete, begann er, das Leben auf der Straße zu vermissen.

»Die Freiheit, die ich in den 14 Tagen auf der Straße erlebt habe, war so etwas Neues für mich, dass ich sie einfach nicht vergessen konnte.« Also tat er das, was sein Herz ihm sagte. Er packte sich einen Rucksack zusammen, kündigte seinen neuen Job, gab seine Wohnung auf und ging zurück auf die Straße. Von jetzt an war sein Leben sein eigenes Experiment. Er probierte alles aus, was es in Deutschland an Möglichkeiten für einen Obdachlosen gab. Er schlief auf der Straße, in U-Bahn-Schächten, in Notunterkünften, auf Parkbänken, in Papiercontainern und über Belüftungsschächten, aus denen die warme Luft der Zentralheizungen großer Kaufhäuser strömte. Vieles davon ging für eine Weile gut, einiges war sofort zum Abgewöhnen. Insgesamt teilte er unsere Feststellung, dass Ausschlafen etwas sehr Schönes ist und dass einem das in der Großstadt um Himmelswillen niemand gönnen will.

So kam er schließlich auf seine Patentlösung: ein Zelt versteckt im Gebüsch, umgeben von Natur. Draußen vor der Stadt, mit guter Anbindung zum Zentrum, um an Essen zu gelangen. Die ersten Versuche gingen schnell schief, weil er irgendwann unachtsam wurde. Er verhielt sich zu auffällig und wurde dadurch vertrieben. Mit der Zeit aber wurde er schlauer. Jetzt lebte er bereits seit über einem Jahr in einer Brombeerhecke, in die er sich einen kleinen, unauffälligen Eingang geschnitten hatte, den nur er kannte. Mittendrin stand sein Zelt, ausgestattet mit zwei Schlafsäcken, zwei Isomatten, einer Thermarestmatte und einigen warmen Decken, die ihm selbst in diesem arktischen Winter ein wohliges Zuhause bereiteten.

Um nachts nicht in die Kälte raus zu müssen, hatte er sich eine Granini-Flasche als Nachttopf angeschafft, in die er hineinpinkeln konnte. »Die kommt natürlich immer vors Zelt und innen steht mein Trinken. Nicht dass es zu Verwechslungen kommt.« Er lachte laut und blickte uns tief in die Augen. Mit dem Zelt in der Hecke hatte er sich einen Platz geschaffen, an dem er absolut in Ruhe leben konnte. Er hatte die Möglichkeit, auszuschlafen, solange er wollte, hatte keine schnarchenden Alkoholiker oder hyperaktiven Junkies um sich herum, wurde nicht von pöbelnden Jugendlichen belästigt und musste nicht auf die Gutmütigkeit von Polizisten und städtischen Beamten vertrauen.

Um in der Stadt schlafen zu können, bleibt einem fast nichts anderes übrig, als sich mit Alkohol oder Drogen sinnestot zu machen und die laute Außenwelt auszublenden. Bereits in einer eigenen Wohnung ist es schwierig, guten Schlaf zu finden. Als Obdachloser ist es nahezu unmöglich. Die Natur vor der Stadt ist erscheint daher als gesündere und entspanntere Alternative. Die Begeisterung leuchtete dem Mann aus den Augen, als er uns von den Füchsen erzählte, die ihn inzwischen als Nachbarn vollständig akzeptiert hatten. Sie hatten gerade Paarungszeit und tollten wie wild um sein Zelt. Er konnte ihnen stundenlang dabei zuschauen. Ihre Lebensfreude hatte sich so stark auf ihn übertragen, dass er selbst fast wie ein junger Fuchs wirkte, der jeden Moment zu tanzen beginnen wollte.

Die beeindruckendste Wirkung, die die Natur auf ihn hatte, zeigte er uns anhand seiner Geschichte. Sein übermäßiger Alkoholkonsum war einer der Gründe, warum er auf der Straße gelandet war. Auch für die Zeit, in der er als Obdachloser inmitten von Großstädten gelebt hatte, beschrieb er sich als starken Alkoholiker. Seit er jedoch sein Heim im Brombeerstrauch hatte, trank er so gut wie nicht mehr. Dann kam der Tag, an dem er sein einjähriges Zeltjubiläum hatte, und das wollte er gebührend feiern. Er besorgte sich eine Flasche guten Whiskey und sang die ganze Nacht lang unter dem Sternenhimmel Lieder für sich selbst. »Okay, ich hab's vielleicht etwas übertrieben und es hätte echt wieder dazu führen können, dass ich vertrieben werde, aber es war eine tolle Nacht, ich hatte meinen Spaß und es ist ja noch mal gut gegangen!«

Jeder andere Alkoholiker, der einen Entzug hinter sich hatte, beschrieb uns, dass er keinen Tropfen Alkohol mehr trinken dürfe, um nicht rückfällig zu werden. Bei diesem Mann war es jedoch anders. Er hatte nie beschlossen, mit dem Trinken aufzuhören. Er hat nie einen Entzug gemacht. Stattdessen hatte er die Ursache beseitigt, wegen der er zur Flasche gegriffen hatte. Er musste die Welt nicht mehr mit einem Rausch verschleiern, um sich über ihre Trostlosigkeit hinwegzuhelfen. Er hatte erkannt, dass die Welt schön war. Seitdem brauchte er den Alkohol nicht mehr.

Zum Abschied verriet er uns einen Tipp, den man als Frankfurter Obdachloser kennen sollte. In der Hauptwache gibt es eine öffentliche Toilette, für die man normalerweise 50 Cent bezahlen muss. Sagt man allerdings, man komme von der Frauenkirche, wird man als Hilfsbedürftiger anerkannt und darf umsonst hinein.

Das Gespräch hatte uns zwar inspiriert und fröhlich gestimmt, aber leider nicht satt gemacht. Da es langsam auf 12 Uhr zuging, machten wir uns auf die Suche nach der Kirche für die Mittagsspeisung. Der Heckenbewohner hatte uns zumindest den Namen der Kirche verraten. Wir fragten einen Bettler, der mit einer Spendenbox auf dem Schoß auf einem Kissen saß und Dan Browns »Illuminati« las.

»Ihr geht hier die Straße bis ans Ende, biegt dann rechts ein, dann die zweite links und dann kommt ihr auf einen größeren Platz. Dort in der Mitte findet ihr euer Mittagessen!« Die Freundlichkeit und Hilfsbereitschaft der Menschen auf der Straße begeisterte uns immer wieder, ebenso wie die Tatsache, dass einfach jeder über alles Bescheid wusste, was einem das Leben draußen erleichterte. Du musst nichts wissen über eine fremde Stadt. Frag einfach den ersten Obdachlosen, den du findest, und du erfährst alles, was du brauchst. Wir verloren dadurch die Angst, neue Städte zu erkunden. Es fühlte sich an, als wären wir ein Teil einer riesigen Gemeinschaft, eines Vereins, zu dem jeder dazugehören kann, der es will. Überall fanden wir Mitglieder, an die wir uns wenden konnten.

Wir folgten der Wegbeschreibung und kamen, wie erwartet, an der Katharinenkirche an. Die Speisung ist eine Aktion der kirchlichen Hilfswerke, die in Frankfurt über die Wintermonate stattfindet. Jeden Mittag ab 12 Uhr wird für alle, die es möchten, ein Essen in der Kirche ausgegeben. Anschließend darf man dann noch in der Kirche bleiben, sich ausruhen und sogar auf den Bänken schlafen. Vorausgesetzt natürlich, man kann zwischen so vielen Menschen und bei dem hohen Lärmpegel einschlafen.

Als wir die Katharinenkirche betraten, war sie bereits überfüllt. Mit Freiheit und Selbstbestimmtheit war es nun erst mal vorbei. Die Menge trieb uns mit sich und warf uns in den Gängen hin und her. Wir fühlten uns wie Sardinen, die man nicht zu zehnt in eine Konservendose, sondern zu Hunderten in eine Waschmaschine gesteckt hatte, um dann ordentlich den Schleudergang einzuschalten. Wenn wir keinen Ellenbogen in die Seite oder keinen Fußtritt vors Schienbein bekamen, wurden wir an unseren Rucksäcken nach vorn geschubst oder nach hinten gezerrt. Dass wir aufrecht stehen blieben, verdankten wir alleine der Tatsache, dass es keinen Platz zum Hinfallen gab. Irgendwann schafften wir es, uns in eine Nische an der Wand zu retten und uns von dort einen Überblick zu verschaffen. Hinter den Kirchenbänken hatte man fünf parallele Tischreihen aufgestellt, die jetzt voll besetzt waren. Neben uns an der Wand befanden sich Tische und Plastikkübel für das schmutzige Geschirr. Aus einer Ecke ganz auf der linken Seite kamen immer wieder Bedienungen, die versuchten, mit hoch erhobenen Tellern voller Kartoffelbrei und Hähnchenschenkel durch die Menge zu schwimmen. Es dauerte eine Weile, bis wir das System durchschaut hatten. Jeder, der einen Sitzplatz hatte, bekam einen Teller hingestellt. Jeder, der aufgegessen hatte, musste seinen Platz sofort wieder verlassen und ihn für den Nächsten freigeben. Soweit die Theorie. Die Praxis war ein Kampf »Jeder gegen jeden« um die Plätze. Es gab nicht unbegrenzt viele Hähnchenschenkel. Rücksichtnahme und Freundlichkeit waren also kein Erfolgsgarant.

Einen knappen Meter von uns entfernt kam es beinahe zum Eklat. Ein Mann stand an der Stirnseite eines Tisches, einer der strategisch günstigsten Positionen. Er scannte die Stuhlreihen nach Anzeichen für ein baldiges Aufstehen ab. Ohne Vorwarnung stürzte plötzlich ein anderer auf ihn zu und wollte seinen Lauerplatz einnehmen. Es kam zu einem Gedränge mit einem angeregten Austausch wüster und aggressiver Beleidigungen, das fast in eine Keilerei ausgeartet wäre. Ein lauter, bestimmter Schrei eines Mitarbeiters, der keinen

Widerspruch zuließ, beendete die Auseinandersetzung so plötzlich, wie sie begonnen hatte. Mit einem Schlag herrschte eine betroffene Stille im ganzen Raum. Die Toleranzgrenze der Mitarbeiter war zwar hoch, aber nicht unendlich. Das wurde nun jedem, der es vergessen hatte, wieder bewusst. Da niemand ein Hausverbot riskieren wollte, fiel der Aggressionslevel wieder auf sein vorheriges Niveau. Die Gespräche und das Gedränge wurden wieder aufgenommen.

Unsere eigene Mission wurde beträchtlich von unseren übergroßen Rucksäcken erschwert. Immer waren sie irgendwo irgendwem im Weg, vor allem uns selbst. Als es uns nach einigen Fehlversuchen und Gewitterstürmen von Flüchen, die von allen Seiten auf uns einregneten, tatsächlich gelang, zwei Plätze zu ergattern, fühlten wir uns wie Helden nach einer nur knapp gewonnenen Schlacht.

Doch für Siegesgefühle blieb keine Zeit, denn jetzt ging es in die zweite Runde. Diesmal hieß die Disziplin »lautes, dreistes und uncharmantes Rumpöbeln in Richtung der Bedienungen«. Denn je lautstarker man auf sich aufmerksam machte, desto schneller bekam man einen Teller. Wir begnügten uns damit, das Treiben zu beobachten, und warfen der ebenso hübschen wie entnervten Bedienung mitleidige Blicke zu. Das führte dazu, dass wir keine Hähnchenschenkel, sondern nur noch Kartoffelbrei mit Sauce bekamen. Dafür konnten wir jedoch essen, ohne ein Magengeschwür durch unsere eigene Unentspanntheit zu riskieren. Es war faszinierend, mit wie wenig Dankbarkeit die Menschen auf ein so großzügiges Angebot reagierten. Ein Mann neben uns war nur knapp von einem Wutanfall entfernt, als er erfuhr, dass die Hähnchenschenkel aus waren. Eine Frechheit sei es, er müsse sich das nicht bieten lassen, und ehe er das esse, esse er lieber überhaupt nichts. Gegessen hat er dann aber trotzdem, während er die Bedienung weiterhin mit Beleidigungen und Verwünschungen überschüttete. Diese schüttelte nur den Kopf und holte den nächsten Teller.

Währenddessen setzte sich Hans-Peter zu uns gegenüber an den Tisch. Er begrüßte uns offenherzig, stellte sich vor und begann gleich ein freundliches Gespräch über Bärte. Seinen eigenen, Heikos und Bärte im Allgemeinen. Er hatte eine andere Strategie und Ausstrahlung als die anderen Obdachlosen im Raum. Er kam bewusst erst gegen Ende der Aktion, wenn er sich sicher war, dass der Ansturm bereits vorbei war. Man bekomme dann nicht mehr die Filetstücke, aber leer ausgegangen wäre er noch nie, sagte er. Ihm war die entspannte Atmosphäre beim Essen wesentlich wichtiger als der Inhalt seines Tellers. Irgendwie schaffte er es, dass wir uns plötzlich bei ihm am Tisch willkommen fühlten. So als hätte er uns eingeladen, obwohl wir ja bereits viel länger da saßen. Auch wenn die Begegnung nur sehr kurz war, blieb sie uns doch in Erinnerung, denn Hans-Peter war der erste Obdachlose, der offen und frei auf uns zuging. Alle anderen waren zunächst verschlossen und in sich gekehrt. Sie öffneten sich stets erst auf unsere Initiative hin. Auch wir waren mit dem Essen, trotz der fehlenden Hähnchen, vollkommen zufrieden. Im Hinausgehen beobachteten wir noch einige Sanitäter, die sich um einen verwahrlosten alten Mann kümmerten. Er stand scheinbar kurz vor einer Alkoholvergiftung und drohte immer wieder zusammenzubrechen.

Ein trauriges Gefühl hinterließ die Szenerie der Winterspeisung in uns aber dennoch. Wie konnte es sein, dass so viel Hilfe angeboten wird und diese nur dazu führte, dass sich die Menschen das Leben noch schwerer machten? War die Art der Hilfe wirklich sinnvoll, wenn sie doch nur zu mehr Unzufriedenheit und Disharmonie führte? Die Fragen begleiteten uns auf unserem Weg durch die Stadt und langsam wurden uns drei zentrale Aspekte bewusst, an denen das System der Obdachlosenhilfe scheiterte. Der erste ist das Prinzip von Dankbarkeit an sich. Dankbarkeit entsteht dann, wenn ich eine Sache wertschätze, ihr also einen Wert gebe, sie als wertvoll ansehe. Wertvoll sind in unserer Gesellschaft jedoch vor allem Dinge, die etwas Besonderes ausmachen. Wie dankbar sind Sie für etwas, das Sie als absolut normal empfinden, das jederzeit und überall verfügbar ist? Wann sind Sie das letzte Mal zum Wasserhahn gegangen und haben gedacht: »Bin ich dankbar dafür, dass genau jetzt, wo ich es brauche, Wasser herausfließt!« ?

Wenn wir nach tagelanger Wildkräuterdiät auf unseren Expeditionen einen Fisch gefangen oder einen Kürbis gefunden hatten, war es das leckerste und königlichste Gericht, dass wir jemals gegessen hatten. Wir zerflossen innerlich vor Dankbarkeit. Kommen wir jedoch nach Hause zu unseren Eltern und finden dort wie immer einen liebevoll gedeckten Tisch, fällt es uns oft schwer, dafür Danke zu sagen und es tatsächlich so zu empfinden und nicht nur als Höflichkeitsfloskel in den Raum zu werfen. Anders als in der Wildnis, wo die Nahrungssuche eine der größten Herausforderungen ist, lebt man in der Stadt so im Überfluss, dass es schwerfällt, sich davor zu retten. Selbst, wenn man von morgens bis abends vollgepumpt mit Alkohol und Drogen ist, verhungert man nicht. Hilfe in Form von Nahrung wird überall und zu jeder Zeit geboten.

Wenn wir die Sache ehrlich betrachten, so ist es mit der Dankbarkeit unter den Nichtobdachlosen nicht besser bestellt. Mit nichts gehen wir stiefmütterlicher um als mit unserer Nahrung. Vollgestopft mit Pestiziden, Fungiziden und Herbiziden reißen wir sie aus dem Boden und verschlingen sie als Fast Food im Gehen oder als Fertiggerichte beim Fernsehgucken oder während wir Bücher über Obdachlosigkeit schreiben.

Mit dieser Normalität, die zu einer Entwertung von dem führt, was eigentlich das Wichtigste und Wertvollste für uns sein sollte, geht ein zweiter Kernaspekt einher. Einer der ältesten Grundsätze, der einen zentralen Stellenwert bei allen Naturvölkern hat, ist das Prinzip von Geben und Nehmen. Alles muss im Gleichgewicht sein. Wenn ich etwas zur Gemeinschaft beitrage, bekomme ich dafür etwas zurück. Wenn ich etwas bekomme, gebe ich dafür etwas wieder. Nur zu geben oder nur zu bekommen macht auf Dauer unzufrieden und damit auch undankbar. Die Armenspeisung in der Katharinenkirche ist dafür ein Beispiel. Es ist keine gegenseitige Unterstützung zweier Gruppen, die sich auf Augenhöhe befinden. Auch wenn es nicht die Absicht ist, vermittelt die Hilfe eine klare Botschaft: »Uns geht es besser als euch, wir sind euch überlegen. Deswegen können wir euch helfen. Ihr hingegen könnt nichts für uns tun!«

Das Gefühl, von jemandem abhängig und ihm damit unterlegen zu sein, führt dazu, dass man sich minderwertig fühlt. Wie kann ich Dankbarkeit für jemanden empfinden, der mir das Gefühl eines Opfers vermittelt oder mich zumindest daran erinnert, dass ich dieses Gefühl selbst in mir trage? Was dieses Prinzip ausmacht, zeigte sich gleich am nächsten Morgen, als wir es pünktlich zum Frühstück im Franziskustreff schafften. Hier war das Frühstück nicht gratis, sondern kostete einen symbolischen Beitrag von 50 Cent. Allein diese 50 Cent führten dazu, dass die Atmosphäre entspannt und die Leute fröhlicher, vor allem aber auch respektvoller waren. Hier wussten sie das gute Essen wirklich zu schätzen.

Es kommt noch ein dritter Aspekt hinzu, vermutlich der wichtigste: Niemand landet einfach so als Obdachloser auf der Straße. Jeder, ohne Ausnahme, hat eine Vorgeschichte. Das Problem, das Obdachlose haben, ist nicht, dass sie auf der Straße leben. In Deutschland gibt es genügend Auffangnetze, sodass niemand auf der Straße leben müsste. Das Problem ist ihr Vorgeschichte, die sie auf die Straße gebracht hat. Die Hilfsmaßnamen zielen darauf ab, Menschen wieder in das »normale« Gesellschaftssystem einzugliedern. Kaum jemand fragt jedoch: »Warum lebst du, so wie du lebst?«

Stellen Sie sich folgende Situation vor: Sie haben eine traumatische Erfahrung gemacht, die Ihr Leben völlig aus der Bahn wirft und alles zerstört, an das Sie bislang geglaubt haben. Sie stürzen in eine Alkohol- oder Drogensucht, um den Schmerz auszuschalten, merken aber, dass Sie nur immer noch tiefer absinken. Plötzlich liegen Sie am Boden und Ihnen wird klar, dass Sie etwas tun müssen. Es liegt in Ihrer Hand, ihr Leben zu verändern, wieder aufzustehen und einen Neubeginn zu wagen. Und jetzt kommt jemand vorbei, streichelt Sie und sagt: »Sie armer, hilfloser Wurm! Ich gebe Ihnen ein Kissen und eine Decke, damit Sie es sich am Boden Ihrer Existenz bequem machen können, bringe Ihnen etwas zum Essen, mit dem ich Sie am besten gleich füttere, und gebe Ihnen dann noch Geld für ein Bier, damit Sie sich nicht aus Ihrer Sucht befreien müssen!«

Schaffen Sie es, jetzt noch aufzustehen? Oder kuscheln Sie sich lieber an Ihr Leid, um gemeinsam mit ihm Ihrem Ende entgegenzusehen? Natürlich ist es leichter, Hilfe anzunehmen, und natürlich ist es eine nette Geste, sie anzubieten. Tief in Ihrem Herzen werden Sie aber spüren, dass es der falsche Weg ist. Wahre Dankbarkeit dafür zu empfinden ist damit faktisch unmöglich.

Während wir noch unseren Gedanken nachhingen, kamen wir schließlich an der Suchtberatungsstelle der Diakonie an. Zunächst wollten die Damen uns nicht wirklich hereinlassen. Sie schienen nicht begeistert davon zu sein, uns irgendwelche Informationen zu liefern. Auf Dauer konnten sie unserem hartnäckigen, leicht dreisten Charme dann aber doch nicht widerstehen. So saßen wir dann kurze Zeit später mit einem heißen Tee vor der Nase an einem ovalen Tisch und plauderten über Suchtberatung. Informativ war das Gespräch allerdings nicht. Wir konnten weder etwas über die Ursachen von Suchterkrankungen noch über die Anzahl der Betroffenen erfahren. Das einzig wirklich Interessante war, dass uns die jungen Damen eine unserer Beobachtungen bestätigen konnten. Bei Obdachlosen handelt es sich zu gut 80 Prozent um Männer. Frauen hingegen, die ähnliche traumatische Erlebnisse durchmachen wie Männer, geraten meist nicht in die Obdachlosigkeit, sondern entweder in die Prostitution oder in die Abhängigkeit von einem Mann, der sie aushält. Letzteres ist oft nur eine andere Art der Prostitution und meist mit Unterdrückung, Gewalt und Vergewaltigungen verbunden. Die Frauen, die tatsächlich auf der Straße landen, sind meist geistig verwirrt und in verschiedene Traum- oder Parallelwelten abgeglitten.

Auf unserem weiteren Weg durch die Innenstadt wurden wir von einem polnischen Bettler angesprochen, der uns um ein paar Cent bat. Wir erklärten ihm, dass wir selbst kein Geld hatten und als Landstreicher unterwegs waren. Trotz der großen Sprachbarriere entwickelte sich daraus ein längeres Gespräch. Der Mann bettelte schon seit Langem in Frankfurt. Er mochte es vor allem deswegen, weil die Polizei hier sehr entspannt sei und ihm niemals Stress bereite. Am Tag verdiente er etwa 15 Euro und war damit absolut zufrieden. Als wir ihn nach geeigneten Schlafplätzen fragten, erzählte er uns wieder von der Hauptwache. Er bot uns an, dass wir später noch mal vorbeikommen und gemeinsam mit ihm hingehen könnten. Er würde uns dann den Weg und die besten Plätze dort zeigen. Wir verabschiedeten uns und gingen unserer Wege, erneut mit einem guten Gefühl im Bauch angesichts der Warmherzigkeit, die uns entgegengebracht wurde.

Ich höre, wie das Münster aussieht

Von Peter Gerber

Für die *Berner Zeitung* hat der Reporter Peter Gerber ausprobiert, wie es ist, blind zu sein. Es waren zwei Stunden, die seine Wahrnehmung der Welt verändert haben.

»Hören wie Blinde« Unter diesem Titel bietet der Lehrer für Orientierung, Jean-Luc Perrin, Stadtrundgänge an. Ein Selbstversuch offenbart ein beeindruckendes Sinneserlebnis.

Und dann ist es dunkel. Ich stehe mitten in der Stadt, kann nichts mehr sehen. Der Arm, den mir Jean-Luc Perrin anbietet, ist meine Stütze und der ausgebildete Lehrer für Orientierung und Mobilität ersetzt für die nächsten zwei Stunden mein durch die Augenbinde genommenes Sehvermögen. Aber nur zum Teil, denn, so will es Perrin, meine Herausforderung besteht darin, dass ich Bern hören soll. Die Hauptstadt hören statt sehen, so wie es blinde Menschen tagtäglich tun müssen.

Lärm ist wichtig. Die Geräusche von Autos, Bussen und Trams sind nicht mehr einfach Lärm. Sie wahrnehmen, einordnen und die Quelle lokalisieren zu können wird zur Grundlage, damit ich mich fortbewegen kann. Noch bin ich alles andere als trittsicher und ohne Jean-Luc Perrin wäre ich ziemlich verloren. «Entspanne dich», sagt er. Das gelingt mir mit der Zeit. Und das Vertrauen in meinen sehenden Begleiter steigt.

«Wann immer du glaubst, einen Brunnen plätschern zu hören, sagst du es mir.» Nun gut, vorläufig höre ich Schuhe klappern, schlurfende Schritte und Menschen reden. Noch versuche ich, mir bildlich vorzustellen, wo wir gerade sein könnten. Erst als ich mich nach einigen Minuten von diesen verwirrenden Vorstellungen verabschiedet habe, werden die Ohren zum Augenersatz. »Da vorne ist ein Brunnen«, sage ich, und Jean-Luc führt mich bis auf einige Meter an die Geräuschquelle heran. Die letzten gehe ich ohne Hilfe. »Höre genau hin, wo das fließende Wasser im Becken auftrifft, und schnappe mit der Hand nach dem Wasserstrahl«, so die Aufforderung meines Begleiters. Ich greife zu. Daneben. Beim zweiten Versuch bekomme ich nasse Hände – geschafft.

Es wird eng und weit. Rechts von mir «spüre» ich etwas, ohne es zu berühren. Es ist eine Hauswand. «Wir sind am Anfang eines Laubenganges. Du sagst mir, wann wir wieder im Freien sind. Du wirst den Unterschied hören», sagt Jean-Luc Perrin. Recht hat er. Genau am Ende der Arkaden stelle ich fest, dass die Geräusche, die Echos, sich verändern.

Wir stehen vor dem Jüngsten Gericht beim Münster. Spatzen und Touristen sind zu hören. Beim Eintritt in das gotische Bauwerk fällt als Erstes der Temperaturunterschied auf. Wir treten unter der Empore hervor in den Raum des 20 Meter hohen Mittelschiffs und ich kann die Höhe und den Unterschied zum engeren Raum unter der Empore mit meinen Ohren sehen. Zum Abschluss des Rundgangs stehen wir auf der Münsterplattform. Ich erfahre, dass das Rauschen der Aare an der Schwelle unterschiedlich tönen kann. Links vom Spiel- und Lesepavillon klingt das Wasser anders als auf der rechten Seite des Gebäudes. Vor Ort muss ich nach zwei Stunden die Augenbinde abnehmen und das Wasser bekommt einen dritten Klang. In Kombination mit dem Augenlicht und den im Vergleich zu 120 Minuten vorher stärker wirkenden Farben ergibt sich ein Gesamtes. Trotz des beeindruckenden Stadtrundgangs bin ich froh, weiter auf die Symbiose von Ohr und Auge zählen zu dürfen – ich möchte sie nicht missen.

Plötzlich behindert

Von Felicia Englmann

Einen unfreiwilligen Selbstversuch als Gehbehinderte machte Felicia Englmann im Sommer und Herbst 2012. Sie hat viel gelernt in den Monaten auf Krücken – über Hilfsbereitschaft, Selbstbewusstsein und die erstaunlich hohe Zahl von Stufen in drei europäischen Städten. Über eine Umwelt, die barrierefrei und hilfsbereit sein will, aber es nicht immer schafft, wirklich hilfreich zu sein. Felicia Englmann ist Autorin und Politikwissenschaftlerin. Sie arbeitet für den Bayerischen Rundfunk, die Universität der Bundeswehr und an ihren eigenen Buchprojekten.

Bisher hielt ich mich für eine Durchschnitts-Münchnerin. Ich bin Ende 30, gesund und einigermaßen aktiv. Einmal die Woche Schwimmen und Taekwondo, mit dem Fahrrad durch die Stadt, im Bioladen einkaufen, gesunde Ernährung mit Ausnahme amerikanischer Eiscreme und Aperol Spritz. Nichtraucherin und ein paar Kilo zu viel. Lust auf Fernsehabende und Abenteurerreisen. Neugier auf Kulturschätze und Leckerbissen. Mitten im Beruf, mitten im Leben, inmitten lieber Freude. Bürgerliche Mitte. München eben. Satt und sicher – was soll mir schon passieren?

Es ist Sommer, ich reise nach Süditalien und natürlich – Lust auf Kunstschätze – besichtige ich Pompeji. Danach will ich noch an den Strand, es hat knapp 40 Grad Hitze, und als ich mir am frühen Nachmittag nach Überdosis Antike im Bahnhof ein Eis kaufe, sehe ich schon das Vorortzüglein herannahen. Jetzt aber schnell, ich laufe los, eilends, aber nicht hektisch, schnell durch die Unterführung zum anderen Gleis, wo der Zug gleich einfährt. In dieser dunklen Unterführung, mit Eis in der Hand, bürgerlichen Fußbettsandalen an den Füßen und Selbstzufriedenheit im Herzen, reißt es mich jäh heraus aus meiner gemütlichen Mitte. Es knallt, ein Schmerz sticht in meine linke Wade, kriecht an ihr hoch wie eine Schlange, ich überschlage mich vorwärts, komme nach einer Rolle wieder zum Stehen, stehe da mit meinem immer noch heilen Eis in der Hand und weiß: Nicht. Gut.

Ich kann nur noch mit den linken Zehenspitzen auftreten, der Schmerz zerrt am Bein, ich humple die Treppen zum Bahnsteig hinauf, setze mich auf eine Bank, und lasse den Schmerz durch meinen Körper fließen. Während ich das Eis esse, sehe ich zu, wie meine Wade krampft und sich verformt, zuckende Beulen aus der Haut treten. Gar. Nicht. Gut.

Zurück nach Neapel im rappelvollen Zug, das Gesicht offenbar zerquält. Ausgerechnet eine einäugige Alte, komplett in Schwarz gekleidet, inklusive Hexen-Kopftuch, bietet mir nach eineinhalb Stationen ihren Sitzplatz an. Um einen Platz bitten kann ich nicht, denn ich spüre: Wenn ich jetzt den Mund aufmache, werde ich schreien oder losheulen.

Im Krankenhaus in Neapel sagt mir der Orthopäde, dass die Achillessehe gerissen ist und wohl auch ein Teil des Wadenmuskels. Vermutlich müsse das operiert werden. Wenn es geht. Er packt mein Bein bis zur Hüfte in einen nur sehr bedingt elastischen Klebeverband. Auf keinen Fall darf ich auftreten, sagt er. Wie lange? Einen, vielleicht auch zwei Monate. Oder länger. Er wünscht viel Glück. Da bin ich also, mitten Neapel. Bin plötzlich behindert.

Wie komme ich jetzt aus dem Krankenhaus heraus und wie in die Apotheke? Mit einer Handtasche um den Hals und einer nicht mehr benötigten Sandale in der Hand? Der Taxifahrer, der mich vom Krankenhaus abholt, hilft mir. Leider hat die eine Apotheke zu und in der zweiten gibt es nur eine und nicht zwei Krücken. Immerhin. Die zweite ergattere ich drei Apotheken weiter. Jetzt kann ich humpeln, aber nichts mehr tragen, weil meine Hände voll sind. Duschen geht auch nicht. Erst recht nicht wie geplant am nächsten Tag nach Capri weiterzureisen und eine Schwimmtour in die Blaue Grotte zu unternehmen.

Der ADAC organisiert einen Krankenrücktransport. Sanitäter bringen mich in einem weißen Auto zum Airport. Dort werde ich im Rollstuhl gefahren. Immer schön an den Schlangen an Check-in und der Security vorbei bis zum Gate. Dort werde ich in meinem Rollstuhl stehen gelassen. Weil die Wartezeiten entfallen sind, bin ich viel zu früh da. Ein alter Mann entdeckt mich und quatscht mich eine Stunde lang voll. Ich kann nicht weg. Er meint es lieb und will sich um mich kümmern, aber es gelingt mir kaum, ihn zu bremsen. Dann holt mich endlich der Sanitätsdienst, um mich mit einem Spezial-Aufzug zum Flugzeug zu karren. Jede einzelne Stufe der Gangway sind für mich gerade so hoch wie das Karwendelgebirge. Also unerreichbar. In München das Gleiche. Ich fühle mich begafft, als mich zwei Männer mit einem Spezialstuhl aus dem Flugzeug zerren. Gewöhnen sich Rollstuhlfahrer jemals an so was? Wird man unempfindlicher gegen Blicke und Peinlichkeiten?

Mein Vater schlägt die Hände über dem Kopf zusammen, als man mich ihm vor die Füße rollt. Ich habe ihn als Abholer an den Flughafen bestellt, aber mit der Ausrede, ich hätte ein großes, sperriges Souvenir gekauft. Es war ja nur halb geschwindelt. Der Münchner Orthopäde bestätigt mit MRT und Ultraschall, was der italienische Kollege schon gesagt hat. Das bedeutet, die nächsten Monate auf Krücken zu laufen und die nächsten zwei Wochen mit dem linken Bein nicht einmal aufzutreten.

Sogar zu Hause ist alles plötzlich mühsam. Ich stelle einen Klappstuhl ins Bad, wo ich mich sitzend mit dem Waschlappen wasche.

Ich kann kein Getränk von der Küche in das Wohnzimmer bringen. Waschen, Kochen, Aufräumen, alles einbeinig und eigentlich ohne Hände, sind Herausforderungen, die ich nicht alle annehmen kann. Sobald ich die Krücken weglege, stehe ich wackelig da. Mich zu strecken, um oben ans Geschirregal oder an die oberen Fächer im Kleiderschrank zu kommen, ist ohne Umfallen nicht möglich, daher lasse ich es bleiben. Von Einkaufen, Putzen und Weggehen kann gar keine Rede sein. Ich träume von Heinzelmännchen und Hausdienern, die mir Luft zufächeln.

Außer Schmerzbewältigung ist Langsamkeit mein neues Thema. Es dauert jetzt dreimal so lange, bis ich morgens gewaschen und angezogen bin. Bis ich einen Kaffee gemacht habe. Das Espressotürmchen ist einbeinig kaum zu bedienen, weil ich dazu beide Hände brauche und in Unwucht kommte. Die Milch fürs Müsli aus dem Kühlschrank zum Tisch bugsieren, den einen Turnschuh anziehen: Alles dauert, dauert, dauert. Vom Auf-Krücken-Laufen habe ich Muskelkater und Blasen an den Händen.

Dass von meiner Wohnung acht Stufen bis zur Haustür und von da noch mal drei zur Straße sind, war mir bisher nie besonders negativ aufgefallen. Jetzt machen mich auch diese langsam, sodass das Taxi auf der Straße schon zornig hupt. Ich, die ich sonst immer überpünktlich bin, komme in diesen Tagen überall zu spät an, weil ich die neue Langsamkeit noch nicht einplane. Entschuldige mich zerknirscht. Und ernte Verständnis, unerwartet. Dafür bin ich dankbar. Stinksauer bin ich auf die Orthopädiepraxis. Denn die ist nicht barrierefrei zugänglich. Der Lift hält in einem Zwischengeschoss, es ist von jeder Seite ein halbes Stockwerk zum Eingang. Empört bin ich bei meinem ersten Besuch am Treppenabsatz gestanden und habe nach der jugendlichen Sprechstundenhilfe gekräht, die zufällig gerade die Praxis verlassen hat. »Lassen Sie sich ruhig Zeit«, rief sie zurück. Den Satz werde ich noch öfter hören. Er ist immer überflüssig, meistens unpassend. Eine Floskel der Hilfslosigkeit, die nichts bringt, außer mich mit meiner Schwäche zu konfrontieren. Weil sie im Subtext sagt, dass ich dem Sprecher zu langsam bin und er auf mich warten muss. Obwohl er das natürlich nicht so meint.

Die meisten Leute reagieren hilfsbereiter, als ich gedacht hätte. Rufen Taxis für mich. Halten Türen auf. Rücken den Stuhl zurecht. Meine Mutter hilft beim Putzen, mein Vater schleppt Getränke herbei. Kolleginnen bringen Kaffee mit und Mittagessen vom Asia-Imbiss. Die Nachbarin trägt meine Tasche bis zur Wohnungstür. Wie viele einstige Selbstverständlichkeiten jetzt Probleme sind, überrascht mich. Ein anderer Nachbar gibt mir einen Tipp, wie ich mit schwingendem Bein leichter auf Krücken laufen kann. Er zeigt mir eine Narbe am Knöchel. Achillessehne gerissen. Er zwinkert mir zu.

Freunde laden mich zum Abendessen im Garten ein. Sie wohnen am Stadtrand, unerreichbar. Teil der Einladung wird daher, dass sie mich abholen und wieder nach Hause bringen. Ich freue mich. Andere Freunde werden mich später einmal abholen und mit mir in ein Restaurant fahren, wieder andere besuchen mich zu Hause. Helfen ein wenig im Haushalt, bringen Einkäufe mit. Ich freue mich, dass es viele sind. Einige, denen ich vereinbarte Treffen absagen muss, reagieren anders und sagen Sachen wie: »Na, gut, dann melde dich doch, wenn du wieder richtig laufen kannst.« Ich sage ihnen nicht, dass laut einem Schreiben meiner Krankenkasse die Möglichkeit besteht, dass ich für immer gehbehindert bleiben könnte.

Trotzdem zahlt die Kasse nicht einmal die Fahrten mit dem Taxi zum Arzt. Mit den öffentlichen Verkehrsmitteln schaffe ich es aber nicht, dorthin zu kommen, weil ich zwei Mal umsteigen müsste. Der Arzt sagt auf Nachfrage, Scheine fürs Taxi bekäme man in meinem Fall nicht. Es sei zumutbar, Stadtfahrten selbst zu bezahlen oder die öffentlichen Verkehrsmittel zu nehmen. In meiner Zeit als Gehbehinderter werden mehr Taxirechnungen zusammenkommen, als der monatliche Hartz-IV-Satz ausmacht. Wie jemand, der wegen seiner Behinderung von Hartz IV lebt, mobil bleibt, ist eine spannende Frage. Ich kann es mir leisten, zu Jobs und Terminen mit dem Taxi zu fahren, und kann am Ende des Jahres die Kosten, hoffentlich, als außergewöhnliche Belastung von der Steuer absetzen. Wer das nicht kann, wird wegen seiner Behinderung womöglich sozial abgehängt.

Viele Leute helfen mir gratis, ganz von selbst und als wäre es selbstverständlich, aber ich muss auch lernen, um Hilfe zu bitten. Nicht nur bei der Krankenkasse. Weil es nicht anders geht. Bisher war ich immer stolz und unabhängig, habe mir manchmal aus Faulheit oder Bequemlichkeit helfen lassen oder weil ich meinte, bei anderen etwas gutzuhaben. Oder auch weil es halt so üblich ist, dass man beim Umzug Freunde bittet, einem zu helfen. Jetzt aber muss ich aus Not um Hilfe bitten. Das fällt mir schwer. Ich muss mir und den anderen damit eingestehen, dass ich tatsächlich hilflos bin. Meine stolze Fassade bröselt. So lerne ich jetzt Nachbarn, an denen ich tendenziell eilig vorbeigerauscht bin, besser kennen. Wechsle ein paar Worte. Lerne, dass der junge Mann vom zweiten Stock Unfallchirurg ist. Dass die alte Dame aus dem fünften Stock auch Schwierigkeiten mit den acht Stufen hat.

Mit dem neuen Walker, den mir der Orthopäde nach zwei Wochen Gips verpasst, wird alles besser. Ich kann mit ihm gehen, der Fuß ist geschont und durch aufblasbare Luftpolster im Inneren wie einbetoniert. Diese Orthese sieht aus wie ein Raketenstiefel aus »Star Trek« oder wie der Schuh eines Stormtroopers aus Star Wars. Oder wie Robocop. Er wird jedenfalls Ziel von Selbstironie und Spott. Ich fahre erstmals wieder U-Bahn. Erste Pleite schon am Abgang in den Untergrund: Die Rolltreppe, die eigentlich ihre Fahrtrichtung nach Bedarf wechseln soll, wechselt die Richtung partout nicht. Ich stehe oben und warte, bis eine Omi mich anspricht und sagt, dass der Richtungswechsel wohl kaputt ist und sie dort auch schon mehrmals erfolglos gewartet habe. Beim anderen Abgang gebe es einen Lift, sagt sie. Der Weg dorthin ist mir deutlich zu weit, also steige ich die

Treppe zum Sperrengeschoss hinunter. Es ist mühsam. Andere alte Damen überholen mich. »Oh mei, gell, des is beschwerlich«, sagen sie im Vorbeigehen. Sie scheinen zu wissen, wovon sie sprechen.

Im Zwischengeschoss verkauft der Automat keine Wochenkarten. Bravo. Ich kaufe erst mal eine Streifenkarte. Zum Bahnsteig hinunter geht die Rolltreppe, aber die Fahrt wird zum Abenteuer. Da stehe ich oben und überlege, ob ich erst die Krücken, das gesunde oder das verletzte Bein auf die Treppe stellen soll. Die Fahrgeschwindigkeit der Treppe wirkt auf mich Formel-1-schnell. Gäbe es nicht doch einen Lift? Ja, gefühlte drei Kilometer und 500 Höhenmeter Treppe entfernt.

Mehr oder weniger mit allem gleichzeitig springe ich auf, falle fast vornüber und kann mich kaum abfangen, weil ich die Krücken in der Hand habe. Dieselbe Herausforderung unten, nur ohne Zeit zum Überlegen. Mit den Krücken voran abspringen. Glück gehabt. Aber leicht ist das alles nicht. Das nächste Mal fahre ich mit der Trambahn. Die Wochenkarte müssen Freunde mir besorgen, weil es sie nur an ausgewählten Verkaufsstellen gibt, die für mich derzeit unerreichbar sind.

Dennoch: Es lebe die Dienstleistungsgesellschaft! Nicht nur Pizza und chinesisches Essen kann ich mir fertig an die Haustür bringen lassen. Kaisers Tengelmann hat einen Lieferservice, der auch mein Viertel bedient, und einen respektablen Online-Shop. Das funktioniert bis aufs kleine Details super. Der Lieferant kommt einigermaßen pünktlich, trägt die Tüten bis in die Küche. Dass einmal die Nachos und die Gurken fehlen – egal. Schade nur, dass das Abendessen, zu dem ich Freunde eingeladen habe, mexikanisch werden und es als Vorspeise Gazpacho, also kalte Gurkensuppe, geben soll. Der nächste Laden ist 400 Meter entfernt, also stormtroopergalaktisch weit. Mache ich eben Gazpacho mit viel Wasser und Zucchini. Und Nachos werden eh' überschätzt.

Das Abendessen vorzubereiten dauert den ganzen Tag. Dabei sind die Speisen relativ einfach. Mühsam sind das Eindecken, das Aufräumen, das Putzen. Als die Gäste dann da sind, muss ich sie mehrmals bitten, zu helfen, weil ich etwa das Tablett mit dem Gazpacho gar nicht von der Küche zum Esstisch tragen kann. Der Abend wird trotzdem lustig.

Als ich mal wieder die Stufen von meiner Wohnung in Richtung Haustür hinunterklettere, überholt mich eilenden Schrittes ein Weberknecht. Habe damit ein lustiges Posting für Facebook. Man muss ja auch über sich selbst lachen können. Das Lachen vergeht mir aber regelmäßig, wenn ich in der Trambahn oder auf der Straße Mütter mit Kinderwagen treffen. Durch die Bank sind sie diejenigen, die wenig oder überhaupt keine Rücksicht nehmen. Die alle vier Sitze hinten in der Bahn blockieren, obwohl das nicht nötig wäre, und auch nicht Platz machen. Die mir auf den Walker treten, die auf dem Gehsteig mit dem 1000-Euro-Kinderwagen herumkarjolen wie mit einem Schützenpanzer und mich zum Ausweichen zwingen, ihre Windeltasche gegen meine Krücken schleudern. Die Beobachtung wird sich in den kommenden Wochen bestätigen. Zwei Ausnahmen wird es geben: Eine aus Afrika stammende Frau, mit drei Kindern in der Tram unterwegs, hilft mir sogar beim Einsteigen und erzählt auf der Fahrt in gebrochenem Deutsch, dass sie mal in der Kirche gestürzt ist und sich den Knöchel schlimm verstaucht hat. Eine Frau mit Kopftuch erklärt ihren Kindern leise auf Arabisch, dass man nicht über Behinderte lachen darf. Die Münchner Durchschnittsmutti scheint jedoch so sehr mit sich selbst und dem Wunschkind beschäftigt zu sein, dass Achtsamkeit und Rücksicht nicht mehr im eigenen Programm vorkommen, sondern nur noch von anderen eingefordert werden.

Weil alles schon seit Langem gebucht ist, begebe ich mich auf eine Recherchereise nach Kopenhagen. Muss mich bei der Lufthansa einmal mehr als gehbehindert anmelden, peinlich, peinlich. Man weist mir beim Check-in einen Platz am Notausgang zu, damit ich mehr Platz für das Bein habe, und lässt mich mit meinen Krücken als Erste einsteigen. Die Purserin ist nicht begeistert. »Ich wusste gar nicht, dass das erlaubt ist«, schnattert sie und stapft los, um beim Kapitän nachzufragen. Währenddessen verräume ich meine Krücken selbst im Gepäckfach. Ich darf bleiben. Meine Sitznachbarin ist eine Pfarrerin aus New York auf Europareise und bewundert meine starke Natur.

In Kopenhagen holt mich ein netter junger Mann am Gate ab und chauffiert mich mit einem dieser putzigen Elektromobile durch den Flughafen. Mit denen wollte ich schon immer mal fahren. Dann geht die Mühsal erst los. Zum angeblich behindertengerechten Hotel führen mehrere Stufen hinauf. Ein Rollstuhlfahrer hätte keine Chance. Die nächste U-Bahnstation ist einen halben Kilometer entfernt. Kopfsteinpflaster, wohin man schaut. Sommerhitze. Taxipreise, bei denen sogar ich passen muss. Ich erfinde innerlich die neue Sportart »Auf-Krücken-Dahinlatschen« und bilde mir ein, damit die Extraportionen Mohrenköpfe und Lakritzkonfekt abzutrainieren, und dass extrem langsames Gehen dazu beiträgt, eine Stadt noch besser kennenzulernen, und einen zwingt, noch mehr auf die kleinen Dinge des Lebens zu achten, was das Ergebnis der Recherche nur verbessern kann.

Erste Erkenntnis: In Kopenhagen ist mehr angetrocknetes Erbrochenes auf der Straße als in München oder Neapel. Dafür liegt in München mehr herrenloses Kleingeld herum. Wer auf Krücken über unebenes Pflaster geht, blickt ständig nach unten, lernt die Welt aus der Pflasterperspektive kennen. In Neapel war weder Geld noch Kotze auf der Straße, dafür eine kleine Silberbrosche mit einem Halbedelstein. Die habe ich als Glücksbringer behalten.

Für dauerhaft Gehbehinderte muss die Altstadt von Kopenhagen ein seltenes Ziel sein. So viel Kleinstein- und Kopfsteinpflaster, so viele Kanten, Schrägen und Steigungen. Ich fluche nicht, sondern versuche, zu genießen, weil ich Kopenhagen liebe, muss aber aufgeben. Die Altstadt ist für mich trotz Walker und zwei Krücken nahezu nicht zu begehen. Einige Geschäfte, weil in der Fußgängerzone, bleiben unerreichbar. Ich verstehe jetzt die Behindertenbeiräte, die stets davon abraten, neue Fußgängerzonen einzurichten, und auf Schneisen aus glattem Pflaster bestehen. Die klagen, dass zu viel unebenes Steinpflaster verlegt wird, auch vor Konzertsälen, die somit für stark gehbehinderte Menschen nicht erreichbar sind. Ich verstehe aber nicht das Argument, man könne niemanden, der gerade noch so auf zwei Krücken gehen kann, in den Rollstuhl zwingen, indem man ihm weite Wege und fieses Pflaster zumutet. Einen Rollstuhl mit Elektromotor oder jemanden, der den Rollstuhl schiebt, fände ich jetzt wirklich praktisch und würde ich auch liebend gerne benutzen. Wenn ich jemanden hätte, der ihn schiebt. Ich träume von Butlern und Zivis.

Klar gibt es in Kopenhagen auch die viel geforderten erschütterungsarmen Gehschneisen mit glatten Pflaster und sogar Leitlinien für Sehbehinderte. Diese werden mir aber fast zum Verhängnis, weil sie manchmal aus Metallstücken bestehen, die ausgerechnet auf das glatte Pflaster genagelt sind und so für meine Krücken zu zusätzlichen Stolper- und Rutschfallen werden. Andererseits fahren in die Fußgängerzone wenigstens keine verrückten Radler. Man kann es auch unter Behinderten einfach nicht allen recht machen.

Die großen Museen in Kopenhagen geben sich alle als behindertengerecht aus. Auf Websites und in Reiseführern. Der Teufel steckt wie immer im Detail. Der Platz vor Thorvaldsens Museum ist mit Kleinsteinpflaster belegt, meinem neuen Feind. Ins Gebäude führen Stufen hinauf, das historische Portal ist schwer zu öffnen. Drinnen bietet man mir einen Rollstuhl an und alles ist fein. Die Toilette ist aber im Keller, am Ende eines langen Ganges. Es gibt in dem historischen Gebäude keinen Lift. Nach dem Treppenkampf zur Toilette spare ich mir den Aufstieg zu den Galerien im ersten Stock. Interessiert hätten sie mich schon.

Das Nationalmuseum hat eine eigens nach ihm benannte Bushaltestelle, die auch genau vor dem Gebäude ist. Der Eingang ist aber an der entgegengesetzten Seite, ein paar Hundert Meter zu gehen. Dort endlich angekommen rät mir die Museumswärterin, keinen der angebotenen Rollstühle zu nehmen. Ohne Begleitung könne ich die Rampen nicht bewältigen und die schweren Glastüren auch nicht öffnen. Sie hat recht. Immerhin gibt es im Haus einen Aufzug. Und eine Behindertentoilette. Die habe ich inzwischen schätzen gelernt, auch als Nicht-Rollstuhlfahrerin, denn mit zwei Krücken und dem Walker ist es schwer, in einer normalen kleinen Toilettenkabine zu manövrieren. Früher bin ich gerne auf Behindertentoiletten gegangen, weil man dort nicht anstehen muss, jetzt benutze ich sie aus Notwendigkeit und lerne, dass es schon seinen Sinn hat, sie für Behinderte zu reservieren.

Flaschensammlerinnen sprechen mich an. Und wünschen gute Besserung. Was ich denn bloß gemacht hätte? Die rotnasigen Männer, die vor den Kneipen an Klapptischen hocken, sagen zu mir: »Respekt! Krücken im Sommer«. Der Betrunkene im Bus verkündet lautstark, ich sei ein Clown, mir so was bei dieser Hitze zuzulegen, einen Clownsschuh habe ich da an. Normalerweise sprechen mich diese Leute nicht an. Wahrscheinlich weil ich sonst flott an ihnen vorbeigehe, die Nase fein nach oben. Jetzt bin ich schneckenlangsam wie die, die sonst ziellos durch die Stadt schlurfen, und halte den Blick stets gesenkt, so wie viele von ihnen. Stolz weglaufen kann ich auch nicht, wenn sie mich ansprechen, daher antworte ich den Leuten, in deren Universum ich jetzt angekommen bin, artig und höflich. Bedanke mich für die vielen, vielen guten Wünsche, die ich bekomme – von Menschen, denen es offensichtlich deutlich und fundamental schlechter geht als mir.

Flirten mag dagegen niemand mit mir. Die ganze Zeit über nicht. Ob im Café, in der Trambahn, im Restaurant, im Strandpark von Klampenborg am Öresund, am Flughafen, bei einem Klassik-Open-Air: Für die Männer scheine ich Luft zu sein. Helfen ja – aber Zulächeln ist nicht drin. Nicht in Kopenhagen, nicht in München oder Neapel. Männer, mit denen ich versuche zu flirten, schauen demonstrativ weg. Oder nehmen mich gar nicht erst wahr.

In der Münchner Trambahn sitzt eine ältere Frau mit einem kleinen Kind. Das Kind wäre wohl alt genug, selbst zu laufen, einen Buggy haben sie trotzdem dabei. Das Kind turnt munter mit Straßenschuhen auf den Sitzen herum. Ich setze mich woanders hin. Das Kind entdeckt meinen Walker und fragt die Oma, was die Frau da hat. Die Oma dreht sich um, zeigt mit dem Finger und ausgestrecktem Arm auf mein Bein und erklärt dem Kind irgendwas. Das Kind lacht. Als könnte ich sie nicht sehen und hören. »NETT!«, sage ich schneidend. Die Frau blickt irritiert auf, das Kind macht große Augen. »Wieso?«, fragt sie. Ich zeige auf das Kind und sage: »Wie finden Sie es denn, wenn ich auf Ihr Kind zeige?« Die Frau sagt »Tschuldigung«, und dann steigen sie beide aus. Betretenes Schweigen bei den anderen Fahrgästen.

Treffe zufällig einen alten Kollegen. Der sagt, es sei offensichtlich, dass ich mal wieder versucht hätte, mir für irgendeine Sache ein Bein auszureißen. Ich kontere, dass ich mich eher wie Rumpelstilzchen über jemanden geärgert und mich bald vor Wut zerrissen habe. Dafür habe ich jetzt einen Schuh, der sich tatsächlich aufblasen lässt. Auch von anderen. Gelächter. Diese Art Humor mag ich. Doch vom Rest bin ich erschöpft. Erschöpft vom Humpeln, von der Plage, von allem. Sechs Wochen auf Krücken und irgendwie wird es nicht besser. Ich bin nicht nur das Humpeln und die Mühsal leid, das Nicht-am-Leben-Teilnehmen, sondern auch die Aufmerksamkeit, das Starren und sogar die Hilfsbereitschaft. Ich möchte gerne wieder unauffällig und selbstständig durchs Leben gehen können und habe kaum mehr Dankbarkeit in mir. Zig mal am Tag bedanke ich mich mit einem strahlenden Lächeln fürs Türaufhalten, fürs Platzmachen in der Trambahn, fürs Kaffee-Mitbringen, fürs Aufheben von Krücken. »Warten Sie, ich helf Ihnen!« – strahlendes Lächeln. »Oh ja, vielen Dank, danke, ganz lieb, wirklich, vielen Dank!«

Ich bin es leid. Vieles der Hilfe brauche ich gar nicht. Ich kann durch jede Tür gehen. Ja, auch durch eine schwere. Mich selbst bücken. Gerne würde ich es tun. Aber viele Menschen sind nicht nur hilfsbereit, sondern zuvorkommend, was eigentlich eine wunderbare Erkenntnis ist, aber nicht an einem Tag, an dem einem ohnehin alles zu viel ist. Auch die vielen lieben Menschen, die ich nur vom Sehen kenne, die sich aber ständig erkundigen, wie es denn ginge und wie lange es denn noch dauern würde, finde ich an einem Erschöpfungstag anstrengend. Mehrmals am Tag möchte jemand, den es in letzter Konsequenz nichts angeht, wissen, wie es mir geht. »Es geht schon« oder »Muss gehen« wird nicht akzeptiert, sondern es wird nachgefragt. Wie lange ich diesen Gehschuh schon habe. Wie lange ich diesen Gehschuh denn noch tragen muss. Natürlich wünscht man mir daraufhin weiterhin »Gute Besserung« und ich muss mich einmal mehr bedanken. An solchen Tagen ist jedes Bedankenmüssen zu viel. Es ist in eine Übung in Demut, die mir täglich schwerer fällt. Denn wo ich mich selbst um ein Maximum an Normalität bemühe, wird mir auch durch die Hilfsbereitschaft die Normalität erschwert. Ja, auch das Tür-Aufmachen ist ein Stück Normalität, das ich gerne wieder hätte. Ja, es fällt mir schwerer als sonst, die Tür selbst aufzumachen, aber ich schaffe es aus eigener Kraft.

Viel von meinem Stolz musste ich ablegen in den vergangenen Wochen. Musste lernen, Hilfe anzunehmen, auch aktiv um Hilfe zu bitten. Hilfe so abzulehnen, dass sich die zuvorkommenden Helfer nicht brüskiert fühlen, muss ich noch lernen. Wenn es überhaupt lernbar ist. »Nein danke, es geht schon« wird leider grundsätzlich nicht akzeptiert von demjenigen, der fest entschlossen ist, zu helfen. Manche Leute reißen mir sogar halb die Tasche und die Krücken weg, wenn ich irgendwo auftauche. Eine wildfremde Frau hat an der Haltestelle mit ihren Taschentuch einen Sitz für mich sauber gewischt, obwohl ich ihr mehrmals freundlich gesagt habe, dass das nicht nötig sei, weil ich mich garantiert nicht setzen wolle und würde. Sie war dann beleidigt, als ich es wirklich nicht tat. Eine Ablehnung von gut gemeinter und entschlossen begonnener Hilfe ist kaum möglich, ohne den Helfer massiv zu beleidigen. Dabei sind wir Deutschen ohnehin Weltmeister der klaren Worte. Die Vokabel »Nein« gehört zu unserem Standardrepertoire. Doch wenn ich sage: »Nein, bitte nicht! Bitte lass es. Das ist nicht nötig«, wird es überhört. Fast fühle ich mich wie in Arabien, wo ein Nein zu einer guten Tat oder einer Extraportion Essen ebenfalls nicht akzeptiert, sondern als angemessene Bescheidenheit und daher als Aufforderung zu noch mehr Hilfe interpertiert wird.

Wer sich einmal zur Hilfsbereitschaft entschlossen hat, ist nicht zu bremsen. Manchmal möchte ich einfach losschreien: »Lass mich in Ruhe! Ich kann das selbst! Kümmer dich doch um deinen eigenen Kram! Geh weg!« Aber das wäre unangebracht, weil die Menschen mir ja etwas Gutes tun wollen, das ihnen ja auch keine Umstände macht, und weil ich für das Angebot eigentlich dankbar sein sollte. Mir aber macht es Umstände, weil ich mich sogar schuldig fühle, wenn jemand sich mit etwas abplagt, das ich gar nicht will, brauche und schätze. Weil ich mich klein fühle, wenn meine Grenzen überschritten, meine Wünsche nicht respektiert werden. Weil meine Autonomie darunter leidet, dass ständig von Wohlmeinenden auf ihr herumgetrampelt wird. Weil aus Aufmerksamkeit Aufdringlichkeit wird.

Der Spruch »Da werden Sie geholfen« fälllt mir ein und ich finde ihn nicht witzig. Geholfen zu werden macht einen unnötig klein und schwach. Für die Zukunft nehme ich mir vor, Ablehnung von Hilfe unbedingt und sofort zu akzeptieren. Wer Hilfe ablehnt, zieht damit eine Grenze, um den eigenen Stolz zu schützen. Die explizite Ablehnung von Hilfe geschieht nicht aus Höflichkeit anderen gegenüber oder weil man altruistisch genug ist, andern keine Umstände mit sich selbst machen zu wollen. Die explizite Ablehnung von Hilfe ist etwas Egoistisches, sie geschieht aus Selbstschutz und Selbsterhaltungtrieb. Sie nimmt in Kauf, dass der andere beleidigt sein könnte, aber manchmal ist ein Mensch es sich selbst schuldig, dass er andere zurückstößt, um sich selbst zu schützen. Er müsste es nicht tun, wenn er auch so respektiert würde. Ich nehme mir vor, noch mehr drauf zu achten, Behinderte nicht als hilfsbedürftige Wesen wahrzunehmen, sondern als selbstbewusste Menschen, die ihre Bedürfnisse kennen und äußern können – auch in der Ablehnung.

Vor meiner Haustür wird ein temporäres Halteverbot eingerichtet. Umzug. Leider nur mit drei Tagen Vorwarnung und genau da, wo mein Auto parkt. Doch wie Umparken, mit meinem Walker? Ich gehe im Handy die Liste derer durch, die helfen könnten. Viele sind im Urlaub. Inneres Lamentieren. Dann schlägt im Lauf des Nachmittags das Wetter von Sommer auf Herbst um. Blätter wirbeln herum, es gießt. Schon wieder Taxifahren, weil ich nicht will, dass sich die Innenpolster des Walker mit Regenwasser vollsaugen. Inneres Lamentieren. Eine befreunde Kollegin aus meinem Projekt löst die Situtation: Sie fährt mich nach Hause und parkt das Auto um. Obwohl sie selbst einen sehr weiten Heimweg hat und in die andere Richtung muss. Ich bin ihr aufrichtig dankbar.

Die Physiotherapiepraxis ist schick wie ein Day-Spa. Was für ein Glücksgriff. Sie scheint nicht unbedingt auf Kassenpatienten ausgerichtet. Die Therapeutin ist wenig begeistert von Kassenrezepten, weil die Zeit viel zu kurz sei. Am Empfang sagt man mir, es gäbe die Möglichkeit, die Therapie auf eigene Kosten zu verlängern. 40 Minuten statt 20 Minuten zu buchen. Ich sage, ich werde es mir überlegen. Im Wartezimmer zapfe ich einen Cappuchino aus der Designer-Kaffeemaschine. Und genieße das Plätschern des Brunnens im Hof, die duftenden Massage-Öle, die flauschige Liege. Fast wäre es Wellness, wenn die Therapie nicht so schmerzhaft wäre. Aufjaulen.

»Die Quälerei fängt erst an, wenn mal dieser Walker weg ist«, sagt die Therapeutin.

Auf den Tag genau zwei Monate nach der Verletzung fahre ich zum ersten Mal wieder selbst Auto. Ich drehe das Radio laut auf und singe mit. Statt 23 Minuten brauche ich nur sieben zur Physiotherapie. Mit meinem neuen, Dr.-House-mäßigen Krückstock humple ich zur Post und erstmals wieder in den Supermarkt. Das letzte Mal, als ich dort war, gab es Grillfleisch, Dipsaucen und Eiscreme en masse. Jetzt grüßen aus den Regalen Kürbisse, Federweißer und Lebkuchen. Eine neue Saison hat begonnen, auch für mich.

Physiotherapeutin und Orthopäde sind einigermaßen zufrieden mit dem Heilungsfortschritt. Bis ich wieder springen kann, wird es noch dauern, aber ich werde wahrscheinlich nicht gehbehindert bleiben. Wahrscheinlich. Wäre ich Sportlehrerin, Hüttenwirtin oder Gärtnerin, müsste ich mich eventuell beruflich anders orientieren. Ein falscher Schritt, und aus der Mitte des Lebens kann es einen an den Rand befördern – noch eine Lektion, die ich gelernt habe, eine von vielen. Ich hoffe, einige von diesen mitnehmen zu können, wenn ich jetzt in meine gewohnte Normalität zurückkehre, um denjenigen besser und gerechter begegnen zu können, denen meine Normalität versperrt ist.

Maria und Josef im Ghetto des Geldes

Von Henning Sußebach

Henning Sußebach ist Redakteur bei der Hamburger Wochenzeitung *Die Zeit*. Für seine Reportagen, Features und Dossiers ist er vielfach ausgezeichnet worden, etwa 2007 mit dem Egon-Erwin-Kisch Preis, 2006 mit dem Henri-Nannen-Preis für besonders verständliche Berichterstattung und 2001 ebenso wie 2002 mit dem Axel-Springer-Preis für Nachwuchsjournalisten.

Die wohlhabendsten Deutschen mit den teuersten Häusern leben im Taunus bei Frankfurt: Banker, Manager, Industrielle. Was passiert, wenn man sie um Hilfe bittet? Die Schauspielerin Viola Heeß und unser Redakteur Henning Sußebach haben sich – als obdachloses Paar verkleidet – kurz vor Weihnachten auf den Weg gemacht.

Wo anfangen in diesem Ort, in dem alles klingt, als habe es für Monopoly Modell gestanden: Im Schlosshotel? Auf der Parkstraße? Im Golfclub? Auf der Burg? Oder doch beginnen bei dem Zweifel, der uns auf dem Weg von Frankfurt hinauf in den Taunus begleitet hat, hartnäckig wie ein zugelaufener Hund: Darf man mit einer Lüge nach der Wahrheit suchen?

Es ist ein Dienstagmorgen im Advent, kalt und grau. Wir sind mit der S-Bahn-Linie 4 gekommen, heraus aus Frankfurts Hochhauskulisse, durch das Gewürfel der Gewerbegebiete, vorbei an Streuobstwiesen und Pferdekoppeln, immer steiler bergan bis zur Endstation: Kronberg im Taunus, von Nebel verschleiert. Ein deutsches Wolkenkuckucksheim.

Eine Statistik hatte uns hergelockt. Die Gesellschaft für Konsumforschung hat errechnet: Die reichsten Deutschen – jene mit der größten Kaufkraft – leben nicht auf Sylt und nicht am Starnberger See, sondern an den Hängen des Hochtaunuskreises. Industriellenfamilien und Bankiers, Millionäre und Milliardäre.

Wir steigen aus und hauchen Atemwölkchen. Wir, das sind: Viola Heeß, freiberufliche Schauspielerin aus Hamburg, und ich, ein *Zeit*-Redakteur – von nun an für eine Woche ein Paar in zertretenen Schuhen und zerschlissener Kleidung, beladen mit Rucksack und Plastiktüten, bereit für ein Experiment. Verkleidet als Obdachlose, ohne einen Euro in der Tasche, wollen wir die Menschen hier oben um Hilfe und Herberge bitten. Das Krippenspiel von Kronberg beginnt.

So ziehen wir los. Zwei wertmindernde Gestalten in Straßen voller Hochpreisimmobilien, wo jedes Haus ein rotes Alarmanlagen-Hütchen trägt, wo die Garagentore so breit sind wie Fußballtore und die Springbrunnen auch im Winter plätschern.

Woran genau erkennt man Reichtum in einem wohlhabenden Land? An Lieferwagen, auf denen »Ihr Schwimmbadwasser« steht? An philippinischen Kindermädchen, die Buggys durch die Stadt bugsieren? An der Tatsache, dass Grundschüler auf ihrem Heimweg starr an zwei Menschen vorbeiblicken, die anders aussehen als Mutti und Vati? An einer Upper-Class-Vereinskultur, von der Aushänge von Theatergruppen, Ballettschulen und Chören künden?

Obwohl Kronberg auf jeder Landkarte verzeichnet ist, vermessen wir eine Art Terra incognita. Kronberg ist kein Reiseziel wie Sylt, hat keine Uferpromenade wie Starnberg, Google bietet hier kein Street View an. Geografisch gesehen liegt Kronberg mitten in Deutschland, gesellschaftlich aber am Rande der Aufmerksamkeit. Das dürfte vielen der 17.000 Einwohner recht sein. In Kronberg stehen die

Villa der Opels und das Gästehaus der Europäischen Zentralbank. Hier leben der ehemalige Bundesbankpräsident Karl Otto Pöhl und Walther Leisler Kiep, dessen Anwesen im Zuge der CDU-Parteispendenaffäre durchsucht wurde. Doch keiner dieser Namen ist im Telefonbuch zu finden. Kronberg gilt als Hausdorf der Deutschen Bank, viele ihrer Manager sollen hier wohnen oder gewohnt haben, auch Exvorstand Hilmar Kopper, Schöpfer des Unworts des Jahres 1994. Er bezeichnete 50 Millionen D-Mark, um die der Immobilienbetrüger Jürgen Schneider damals Hunderte Handwerker gebracht hatte, schlicht als »Peanuts«.

Bis Schneider aufflog, lebte er keine zehn Kilometer von Kopper entfernt, im reizenden Königstein. In einem Privatschloss mit 29 Zimmern, umkränzt von einem vergoldeten Gartenzaun. Heute wohnen in dem Städtchen unter anderem der Opel-Sanierer Nick Reilly, Martin Blessing, Vorstandsvorsitzender der Commerzbank, sowie Jürgen Sarrazin, ehemaliger Chef der Dresdner Bank und entfernter Verwandter des *Deutschland schafft sich ab*-Propheten Thilo Sarrazin.

Die *Frankfurter Allgemeine Zeitung* hat Kronberg einmal als »Wandlitz im Westen« beschrieben, als »Rückzugsort für die, die in der Freien Marktwirtschaft das Sagen haben«. Es ist die Stadt, in der »die Märkte« wohnen: Manager, nach deren Kriterien derzeit die Welt bewertet wird. Hierher ziehen sich abends Menschen zurück, die kürzlich noch Milliarden verzockt haben und heute über das Schicksal ganzer Staaten richten. Was geschieht, wenn diese Reichen unsere Armut sehen? Wächst mit dem Wohlstand das Mitleid oder nimmt es ab?

Unsere erste Erkenntnis: Die Welt der Reichen ist schön. Nur wessen Blick von Sozialneid verdüstert ist, wird das nicht wahrnehmen wollen. Zentrum der Stadt ist der sanft ansteigende Victoriapark, bestanden von riesigen Zedern, Buchen und Mammutbäumen, die hundert Jahre Zeit zum Wachsen hatten. Tennisplätze ruhen unter einer Decke aus Laub. Rings um den Park reihen sich Villen in hessischem Fachwerkstil und englischer Tudorgotik, weichgezeichnet von Rhododendren, Efeu und Moos. Kronberg sieht aus, als habe jemand eine englische Grafschaft nachgebaut, was sogar stimmt: Ende des 19. Jahrhunderts ließ sich die Mutter des letzten deutschen Kaisers hier nieder, Victoria, Prinzessin von Großbritannien und Irland. Hoch über der Stadt ließ sie sich ein Heimwehschloss errichten, ihren Witwensitz, dessen Stil den Ort prägt. Bei den Maklern von Engel & Völkers heißen die alten Villen heute »Understatement-Objekte«. Stumm schlurfen wir durch den Park und die Gassen der mittelalterlichen Kernstadt. Am ersten Tag wollen wir nicht gleich über Kronberg herfallen. Sondern still auf den Ort wirken und den Ort auf uns wirken lassen. Der Wind treibt einen Prospekt von mamifit über die Wiese, der mit den Worten beginnt: »Bist du kürzlich Mama geworden? Fragst du dich, wie du ohne Nanny und Personal Trainer wieder in deine alten Klamotten passen sollst? Dann bist du bei mamifit genau richtig!«

Vormittags scheint Kronberg allein von weiblichen Wesen besiedelt zu sein. Nicht nur von Kindermädchen, sondern auch von Ehefrauen: einkaufend, joggend, gut aussehend. Von diesen sogenannten Taunus-Mamis war in unserem Archivmaterial zu lesen, sie hätten es »nicht nötig«, zu arbeiten, weil ein paar Tausend Euro mehr oder weniger im Familienetat keine Rolle spielten. Dafür fahren sie spazieren, worin sich die Boni ihrer Männer manifestieren: Geländewagen von Mercedes und BMW, Porsche und Audi, durchweg schwarz. Die Frauen von Kronberg sind jung, scheinen ausnahmslos schlank zu sein und sehen aus, als kämen sie gerade vom Reiterhof: Pferdeschwanz, taillierte Steppjacke, Jeans und Lederstiefel.

Es wird Mittag und noch haben wir kein Geld, nichts zu essen, keinen Schlafplatz. Zeit, unsere »Eigenkapitalquote« zu erhöhen. Aber wie? Auf dem Marktplatz betteln? Dort steht vor einem Rewe-Supermarkt ein kleines Weihnachtsbaumwäldchen – und mittendrin hockt: ein Bettler (hoffentlich nicht vom *Spiegel*).

Viola setzt sich ein paar Straßen weiter vor eine Bäckerei – »wegen Mittagspause geschlossen« –, stellt einen Becher auf und beginnt, Passanten anzusprechen: »Entschuldigen Sie, wir sind ohne Obdach und brauchen Hilfe.« Sogar – oder gerade – hier, im Refugium der Reichen, klingt dieser Satz wie eine Ungeheuerlichkeit. Noch oft werden wir darüber nachdenken, ob wir uns fürs Betteln selbst schämen oder dafür, dass wir mit geheuchelter Armut dem Bettler vor Rewe das Weihnachtsgeschäft verderben.

Vor unserem Aufbruch nach Kronberg hatten wir noch einmal das Buch *Deutschland umsonst* von Michael Holzach gelesen. Vor 30 Jahren hatte sich der ehemalige *Zeit*-Redakteur als mittelloser Mann ausgegeben und war durch ganz Deutschland gewandert. Sein Bericht verkaufte sich 200.000 Mal, ein bundesdeutsches Geschichtsbuch. »Ohne Geld durch eine Welt zu gehen, in der sich alles um Mark und Pfennig dreht, hatte etwas Utopisches für mich, erschien mir wie ein Gang in absolutes Neuland«, schrieb Holzach. Auch ihm fiel das Betteln anfangs schwer. »Ich bin mir selbst nicht glaubwürdig«, schrieb er. Im Hochtaunuskreis wurde es ernst für ihn. In einer »stinkreichen Gegend, wo sich die herrschaftlichen Villen hinter haushohem Gebüsch verstecken, als hätten sie ein schlechtes Gewissen«, half ihm niemand. Holzachs Bitten um Essen oder Arbeit wurden abgewimmelt mit Sätzen wie diesem: »Es ist genug Personal im Haus!« Vor lauter Wut und Hunger beging Holzach seinen ersten Ladendiebstahl. Er klaute vier Tafeln Schokolade.

Beschützt von unseren Mützenkrempen, betrachten wir die Passanten: auch die Rentner rank und schlank, Führungsfiguren mit durchgedrücktem Rücken. Nach einer halben Stunde tröpfeln die ersten Münzen in unseren Becher, verbunden mit dem Hinweis: »Aber nicht für Drogen!« Der Mittag geht, die Bäckerin kommt. Als sie uns vor ihrem Schaufenster sitzen sieht, verrutscht ihr das Gesicht. Sie schließt den Laden auf und sagt: »Hier können Sie aber nicht bleiben.« Von innen beäugt sie uns durch ihre Auslagen. Als sie sieht, dass wir aufstehen, reicht sie uns in wortloser Verlegenheit eine Tüte mit drei Brötchen heraus.

Sieben Euro, 43 Cent, drei Brötchen – das ist die Bettelbeute des ersten Tages. Verglichen mit unseren Erwartungen, durch die Holzach-Lektüre vergiftet von Vorurteilen, richtig viel. Verglichen mit den 50.000 Euro, die ein Kronberger, wie wir später erfahren werden, auf seiner Hochzeit allein für den Blumenschmuck ausgegeben hat, eher wenig.

Schnell fällt die Dämmerung. Wo schlafen? In einer der leeren Weihnachtsmarktbuden? Auf der Burg, deren Pforte offen steht? Ein Junge hat uns von einer Begegnungsstätte des Bundes der Pfadfinderinnen und Pfadfinder oben am Hang erzählt. Wir steigen eine Straße hinauf, vorbei an immer wuchtigeren Portalen, durch deren gusseiserne Gitter gewaltige Gärten zu sehen sind, tief und schwarz. Jaguars, Porsches, Maseratis jagen an uns vorbei den Berg hinauf. Röhrend kommen die Männer nach Hause.

Das Pfadfinderheim liegt am Ende einer Sackgasse. Über der Tür leuchtet ein roter Herrnhuter-Stern, an den Fenstern kleben Schneeflocken-Scherenschnitte, die Decken sind mit Kiefernholz vertäfelt. Der ganze gute Wille der Sechzigerjahre, Geborgenheit in Zwei-, Vier- und Sechsbettzimmern. Ein paar Burschen spielen Tischtennis. Einer fragt leise: »Sind das Penner oder Zecken?«

Den Herbergseltern steht die Ablehnung schon in den Augen, als sie uns erblicken. Ein Paar um die sechzig, zwei müde Gesichter.

»Was wollen Sie denn?«, fragt der Mann.
»Fragen, ob wir bei Ihnen schlafen dürfen.«

»Das geht schon organisatorisch nicht. Wir nehmen nur Gruppen auf.«

Er scheint zu riechen, dass wir kein Geld haben. Er fragt nicht mal danach. Hinter verschränkten Armen hat er sein Urteil längst gefällt.

»Und wenn wir im Garten helfen?«, fragen wir. »Oder in der Küche?« »Das schon mal gar nicht! Da ist das Gesundheitsamt vor.« Seine Frau sagt: »Sie können hier gern noch etwas essen …«, »… aber dann kommen die vielleicht nicht mehr weg«, raunt er ihr zu.

Fünf Minuten später stehen wir wieder auf der Straße. In den Händen eine Tüte, eilig gepackt von der Herbergsmutter, darin Klappstullen, Äpfel, Mandarinen und Saft. Wir laufen den Hang wieder hinunter. Auf jedem Weg, in jeder Tempo-30-Zone hinterlassen wir einen Schweif aus Licht, herbeigezaubert von Bewegungsmeldern.

Ist es Trotz, der uns zur Burg treibt, dem Wahrzeichen der Stadt? Heimlich schlüpfen wir in den Burghof, wo der Rotary Club zwei Zelte für den Weihnachtsmarkt aufgespannt hat. In einem rollen wir unser Lager aus und versuchen zu schlafen. Nachts setzt Regen ein. Sturm zerrt am Zelt. Irgendwann murmelt Viola: »Jetzt büßen wir für unsere Lügen.«

Nach dieser Nacht haben wir die innere Distanz zu unseren obdachlosen Doppelgängern weitgehend verloren und die nötige Glaubwürdigkeitspatina gewonnen.

Als die Sonne aufgeht, schwimmt Kronberg wie eine Insel auf einem goldenen Wolkenmeer. Im Süden ragt Frankfurts Skyline aus dem Dunst wie ein borstiges Stacheltier. Dort unten wird gearbeitet, hier oben gelebt. Ohne den Pragmatismus des einen Ortes gäbe es vermutlich die Romantik des anderen nicht – und andersherum.

Ehrfurchtsvoll lassen wir das große Yin und Yang des Frankfurter Finanzkosmos auf uns wirken. Im tauglänzenden Victoriapark begegnen wir einer Frau und ihrer kleinen Tochter. Das Mädchen schaut uns an und ruft: »Mama! Da sind wieder die faulen Feiglinge.« Das arme Kind. Ob seine Eltern die Meldung zur Kenntnis genommen haben, dass die Lebenserwartung deutscher Geringverdiener mittlerweile sinkt? Wird es von ihnen je erfahren, dass es größere Katastrophen gibt als einen Absturz des Dax? Wird es sich je darüber wundern, dass in Deutschland die reichsten 10 Prozent mehr als 60 Prozent allen Vermögens besitzen, die ärmsten 50 Prozent aber nur 2?

Womöglich ist dem Mädchen gerade eine Kronberger Lebenslogik rausgerutscht: Wem es schlechter geht als einem selbst, der ist faul, feige oder sonst wie ein Versager. Von ganz oben betrachtet, muss die Welt dann von lauter Nichtsnutzen bevölkert sein.

Was ist das für ein Soziotop, in dem Spielmanns Officehouse sitzt, ein Inneneinrichter mit dem Slogan »Führen mit Stil«, der Muammar al-Gadhafis Paläste in Libyen ausstattete und kürzlich auf 19 Flachbildfernsehern für den – inzwischen vom Volk getöteten – Diktator sitzen blieb? Ein Ort, in dem ein Banker namens Peter Gloystein seine CDU-Karriere startete, der 2005 als Bremer Wirtschaftssenator bei einem Weinfest einen obdachlosen Störer mit Sekt übergoss und sagte: »Hier, damit du auch was zu trinken hast!« Ein Ort, in dessen Anzeigenblatt *Kronberger Bote* ein Militärhistoriker »Militaria & Patriotika bis 1945« sucht.

Wir inspizieren Kronbergs »Toplage«, den Ortsteil Schönberg, Hanglage wie im Voralpenland, Blick bis zum Anschlag. An die 6 Millionen Euro kosten die Villen hier – trotz eines »Mankos für Ästheten«, wie das Wirtschaftsmagazin *Capital* bedauert: Der Weg hinauf führt durch eine Straße »mit Geschosswohnungsbau«. Was mehr als drei Stockwerke hat, steht im Taunus im Ruf eines Ghettos.

Es ist eine Welt der Namenlosen, die wir nun betreten. An allen Toren, jeder Pforte blanke Klingelschilder, allenfalls Initialen. M., H., K. Einige heißen auch »Mustermann«, andere »Klingel«. Reglos schauen uns Kameraaugen an, aus deren schwarzen Pupillen wir eine Mischung aus Angst und Abscheu zu lesen glauben. In einer Straße wie dieser – dem Seedammweg im benachbarten Bad Homburg – wurde 1989 Alfred Herrhausen von der RAF ermordet. Wir wundern uns, wo die privaten Sicherheitsleute bleiben, von denen wir vorher so viel gehört haben.

Vielleicht sitzen sie in den auffällig vielen Handwerker-Kleinlastern. Sehen uns als Pixelpaar auf ihren Überwachungsschirmen. Oder gibt es hier gar keine Wachdienste? Und all die blinden Klingeln sind eher Attitüde einer Schicht, die sich dem Rest der Gesellschaft kaum mehr zugehörig fühlt? Gedankenwelt und Lebenswirklichkeit der reichen Deutschen sind fast unerforscht, anders als die Armen sind sie den Ämtern kaum Rechenschaft schuldig. Sogar Reichtumsforscher wissen nicht, wie viele Millionäre es in Deutschland gibt, ihre Schätzungen pendeln zwischen 400.000 und 800.000. Genau weiß das niemand, weil Einkommen leichter zu erfassen ist als Vermögen. Auch der aktuelle Armuts- und Reichtumsbericht der Bundesregierung widmet sich auf 400 Seiten den Armen und auf zehn den Reichen. Erfasste der Bericht den Einfluss im Land, dürften die Seitenzahlen im umgekehrten Verhältnis stehen.

Wir klingeln. Wir warten. Dumpfes Gebell. In den Kameraaugen leuchtet kurz eine Korona auf. Die Menschen hinter den Mauern machen sich ein Bild von uns – und schweigen. Nur selten knarzt ein »Ja?!« aus den Lautsprechern, dann sagen wir: »Wir sind obdachlos und auf der Durchreise und wollten fragen, ob …«

»… nein, danke!« »… ich arbeite hier nur, tut mir leid.« »… deutscher Chef nich da. Arbeit bei Bank. Klingelt nächste Haus!« »… die Hausherrin ist nicht hier, und ich darf nicht helfen.« Selbst dort, wo die Reichen wohnen, ist es unmöglich, mit ihnen ins Gespräch zu kommen.

Nur eine Frau um die 40, die gerade Einkaufskörbe aus ihrem Mercedes hievt, kann uns nicht entkommen. Sie ist der Typ Familienmanagerin mit Kurzhaarschnitt und Parka. Viola fragt, ob sie die Toilette benutzen dürfe – und macht Bekanntschaft mit einer beheizten Klobrille. Das ist mehr, als zu erwarten war, in jeder Hinsicht. Diese Frau ist die Erste, die uns ihre Tür öffnet, zu einer hell gefliesten Hauswelt mit Fensterfront zur Burg, an den Wänden Kinderzeichnungen. Sie ist auch die Erste, die nach unserer Geschichte fragt, mit der Souveränität einer Personalchefin oder vielfachen Mutter. Endlich können wir unsere Legende erzählen, die von zwei gescheiterten Gestalten auf dem Weg nach Süden, vielleicht nach Spanien, wo sie auf Wärme hoffen.

»Da haben Sie es aber noch weit«, sagt sie.

Endlich der Ansatz eines Gespräches, eine Frage, ein Entgegenkommen. Wir ahnen nicht, dass dies auch das letzte Mal gewesen sein wird. Bis in den Abend sind uns Menschen und Häuser verschlossen. Bleibt bloß der Pfarrer.

Das Pfarrhaus der evangelischen Kirche sieht aus wie aus einem Adventskalender in die Wirklichkeit kopiert: Holztür, Veranda, Weihnachtsbaum.

Wieder Klingeln, wieder Warten, wieder ein blechernes »Ja!?« aus einem Lautsprecher. »Wir haben eine Bitte.« Nach einer Weile öffnet sich die Tür, im hellen Spalt eine schwarze Silhouette. Der Pfarrer. »Wir sind ohne Obdach und wollten fragen, wo man hier schlafen kann.«

»Meines Wissens gibt es hier nichts.« »Dürfen wir nicht bei Ihnen übernachten?« »Nein. Wir haben uns darauf verständigt, dass das nicht geht.« »Aber Sie sind doch die Kirche.« Mit diesem Satz ist unsere Verlegenheit zu ihm gewechselt. »Trotzdem«, sagt er. »Wir haben auch Schlafsäcke dabei.« »Nein. Und mit Verlaub: So etwas ist hier noch nie vorgekommen.«

Heißt es in der Bibel nicht: »Klopfet an, so wird euch aufgetan«? Und sagt Jesus nicht: »Was ihr getan habt einem meiner geringsten Brüder, das habt ihr mir getan«? Wo jeder hat, kann man offenbar nicht helfen lernen.

Und doch: Der Pfarrer macht die Tür nicht ganz zu. Er scheint mit sich zu ringen. Wie oft hat er mit den Kindern der Gemeinde das Krippenspiel geprobt, und jetzt das! Wenn er nicht hilft, wer dann? Er zögert, grübelt, verschwindet dann im Pfarrhaus – nicht ohne vorher vorsichtshalber die Tür zu schließen – und kommt zurück mit 20 Euro, der Adresse einer Jugendherberge 15 Kilometer weiter und einer Plastiktüte, in die er fast all seine Vorräte gestopft haben muss: ein halber Laib Brot, Wurst, Käse, Tomaten, Äpfel, Orangen, Wasser, Kekse. Sogar Gummibärchen.

Die Tasche wiegt so schwer wie sein Gewissen. Und ist so voll, dass wir uns auf einen langen Weg machen könnten. Weit weg von dieser Stadt.

Mit der S-Bahn-Linie 4 fahren wir zurück, vorbei an Pferdekoppeln und Streuobstwiesen, durch das Gewürfel der Gewerbegebiete hinein in Frankfurts Hochhauskulisse, wo wir ein Hotel nehmen. Die Lebensmittel lassen wir in der Bahnhofsmission.

Wird der Pfarrer in dieser Nacht über seinen Ablasshandel nachgedacht haben? Ob das Mädchen aus dem Park vor dem Einschlafen seine Mutter gefragt hat, wo die faulen Feiglinge geblieben sind?

Und was wird die Frau getan haben, die Viola auf ihre Toilette ließ? Hat sie ihr Bad desinfiziert? Sich von ihrem Mann anhören müssen, dass man keine fremden Katzen füttert? Ist sie beunruhigt oder stolz zu Bett gegangen? Oder hat sie uns vergessen?

Womöglich haben wir kleine Erschütterungen in Kronberg ausgelöst. Ganz gewiss aber in uns selbst. Was hätten wir an ihrer Stelle getan? Hätten wir anders gehandelt? Das sind die Fragen, die sich jedem Kritiker und jedem Tester stellen – und auf die es keine Antwort gibt. Nur einen 200 Jahre alten Satz Gotthold Ephraim Lessings: »Der Rezensent braucht nicht besser machen zu können, was er tadelt.« Sein verhasstes Verdienst ist, zu beschreiben, was er sieht.

Am nächsten Morgen trägt uns ein Zug nach Königstein, in Kronbergs siamesische Zwillingsstadt. Dem Veranstaltungskalender nach ebenfalls ein lohnenswertes Ziel: In dieser Woche wird der Weihnachtsmarkt eröffnet. Hier gibt es eine »Winners' Lodge« und Vorträge zu den Themen »Führen mit natürlicher Autorität«, »Motivation: Endlich Montag!« und »Zufrieden ist nicht genug«. Und im Hotel Falkenstein Grand Kempinski steigt ein »Whisky-Dinner: Bowmore & Auchentoshan mit 5-Gang-Menü von Oliver Heberlein«.

Königstein ist etwas städtischer als Kronberg. Es lässt sich leichter durchschauen. Hier ist Platz für zwei Kempinski-Hotels. Hier sitzen die Juweliere. Hier wurde 1947 die Junge Union gegründet. Hier hat die FDP bei den Kommunalwahlen im März mehr Stimmen bekommen als die SPD. Hier stehen Deutschlands erste Migräneklinik, die psychiatrische Privatklinik Dr. Amelung und ein Spezialkrankenhaus für Herz- und Gefäßkrankheiten. An jedem zehnten Haus, so kommt es uns vor, hängen Schilder von Heilpraktikern, Physiotherapeuten und Psychologen.

Wir wollen es den Menschen dieses Mal leichter machen: Ab sofort ist Viola auch noch schwanger. Hin und wieder werden wir das beiläufig erwähnen. In der Villa Rothschild Kempinski – laut Bronzetafel am Portal eines der »Leading Hotels of the World« – tagen heute

Manager der amerikanischen JP-Morgan-Bank. Als habe ein Konditor es drapiert, steht das spitzgiebelige Schlösschen auf der Kuppe eines großen Parks. Vor der Tür parkt ein Maybach, Einstiegspreis 400.000 Euro. Das Hotel ist einer von vielen geschichtsträchtigen Bauten in der Gegend: Der Bankiersfamilie Rothschild diente es als Sommerresidenz, ehe sie 1938 vor den Nazis in die Schweiz floh. Zehn Jahre später beriet der Parlamentarische Rat hier über das Grundgesetz der Bundesrepublik Deutschland. Jetzt klöppelt Regen aufs Dach.

Als wir auf einem tiefen roten Teppich in die Lobby treten, ist Gelächter zu hören. Männerstimmen. Mächtigenstimmen. An der Wand ein Gemälde, das an den Parlamentarischen Rat erinnert, veredelt mit dem Satz: »Alle Menschen sind gleich«.

Plötzlich steht eine Mitarbeiterin des Hotels vor uns, ebenso erschrocken wie wir. Händeringend fragt sie: »Wie kann ich helfen?« Wir erzählen ihr unsere Geschichte und bedauern sie sogleich. Das ist das unauflösbare Dilemma unserer Recherche: Ausgerechnet jene, die sich auf uns einlassen, drohen in einen Strudel von Solidaritäten zu geraten. Hastig sagt die junge Frau: »Kommen Sie erst mal den Flur runter – hier wurde schon gefragt, was Sie wollen.« Als sie uns durch einen verwinkelten Gang aus den Augen ihrer Gäste schiebt, fällt uns auf: Lange her, dass wir gesiezt wurden. Aus unserem Versteck heraus hören wir, wie sie die Hotels der Stadt durchtelefoniert, Preise verhandelt. Sie fragt auch einen Vorgesetzten, was ein Tageszimmer koste, zum Ausruhen und Aufwärmen. Unter 115 Euro sei leider nichts zu machen, sagt sie, »und Sie müssen noch weiter um die Ecke. Wenn Sie hier gesehen werden, krieg ich Ärger.«

Noch einmal läuft sie in Richtung der Männerstimmen, scheint wieder Rücksprache zu halten und kommt dann mit Frühstücksresten in Alufolie und Tee in Pappbechern zurück. Sie öffnet eine Notausgangstür und flüstert uns ein »Alles Gute« hinterher. Wenn wir in dieser Geschichte Maria und Josef gewesen sein sollten, dann war diese junge Frau der erste Engel.

Es gibt eine Straße in Königstein, die ist nicht nur steil und lang, sondern auch legendär – der Ölmühlweg, auf dem sich Commerzbank-Vorstand Martin Blessing als Kind seine »Harry-Potter-Narbe« auf der »hohen Stirn« zugezogen hat, wie das *manager magazin* einmal beschrieb: »Folge eines Nervenkitzels, den der Zehnjährige ausreizte: Auf dem Fahrrad den heimischen Ölmühlweg in Königstein heruntergerast, Tempo, Tempo. Nicht rechtzeitig gebremst. Ein übler Sturz, Hals über Bordsteinkante, bis schließlich der Kopf am Laternenpfahl landete.«

Erstaunlich, wie klein die Welt auch in Zeiten der Globalisierung sein kann: Am oberen Ende des Ölmühlwegs, am Rande des Kinderkosmos von Martin Blessing – dessen Großvater Bundesbankpräsident war und dessen Vater dem Vorstand der Deutschen Bank angehörte – steht heute das Kommunikations- und Trainingscenter Königstein, 1971 als Schulungszentrum der Dresdner Bank eröffnet und jetzt im Besitz der Commerzbank. Ob von 218 Zimmern eins frei sein wird?

Auf unserem Weg hinauf sammeln wir mikroökonomische Erfahrung: Mit jedem Höhenmeter steigen die Immobilienpreise – und sinkt das Einfühlungsvermögen, vor 2000 Jahren noch »Erbarmen« genannt.

»Wir sind obdachlos und wollten fragen …«
»… gegenüber ist ein Hotel!«
»… und warum klingelt ihr bei mir?«
»… das ist hier oben zu etepetete für euch.«

Schon vor dem Fitnessclub hat uns ein pubertierendes Mädchen erklärt: »Hier ist's halt scheiße für solche wie euch, hier ist Königstein.« So klingt die Königsteiner Logik: Wieso versprechen sich Arme ausgerechnet von Reichen Hilfe?

An den Hängen des Taunus bestätigt sich eine Studie des amerikanischen Psychologen Dacher Keltner. Keltner ist Professor an der University of California und hat kürzlich behauptet, vermögende Menschen seien weniger mitfühlend als ärmere. Bevor er mit seinen eigenen Untersuchungen begann, hatte er Material gesichtet: In einer Umfrage amerikanischer Wohlfahrtsverbände gaben Haushalte mit einem Jahreseinkommen von weniger als 25.000 Dollar an, 4,2 Prozent ihrer Einnahmen zu spenden. Haushalte mit mehr als 100.000 Dollar gaben nur 2,7 Prozent weiter. Wohltätigkeitsforscher aus San Francisco werteten Steuererklärungen von unter 35-Jährigen aus und fanden heraus: Jene mit einem Jahreseinkommen von weniger als 200.000 Dollar spendeten 1,9 Prozent – wer mehr verdiente, nur noch 0,5 Prozent.

Anfangs dachte Keltner, ärmere Menschen seien womöglich religiöser oder politisch eher links. Doch dann kam er zu dem Schluss, dass Arme einfach öfter die Erfahrung machten, dass man »sich gegenseitig helfen« müsse: »Es gibt immer einen, der dich irgendwohin mitnimmt oder auf dein Kind aufpasst.« Genau das befähige sie, die Nöte anderer überhaupt wahrzunehmen. In Keltners Studien erkannten jene Testpersonen, die nur einen Highschool-Abschluss hatten, die Gefühle anderer besser als Höhergebildete und Besserverdienende. Wenn Keltner zwei Probanden zum Kennenlernen zusammenbrachte, konnte er sogar beobachten, wie die aus besseren Verhältnissen eher mit irgendetwas herumspielten, nebenbei kritzelten oder ihre Handys nach Nachrichten durchsuchten. »Dass die Reichen etwas zurückgeben, ist psychologisch unwahrscheinlich«, sagt Keltner. »Was Reichtum und Bildung und Prestige und eine gute Position im Leben einem geben, ist die Freiheit, sich auf sich selbst zu konzentrieren.«

Im Kommunikations- und Trainingscenter der Commerzbank verkündet eine Troika von Bediensteten, es sei kein Platz für uns in ihrer Herberge: »Wir sind nämlich eine Tagungsstätte.«

»Ach so, Sie machen nachts zu?«
»Nein, aber …« Außerdem hätten sie den katholischen Pfarrer angerufen. Da seien wir willkommen.

Das Hotelshuttle zurück in den Ort bleibt den Nachwuchskräften der Bank vorbehalten, trotz Violas vermeintlicher Schwangerschaft. Wieder steigen wir einen Berg hinab wie eine soziale Leiter. Es dauert eine Stunde, bis wir den Pfarrer gefunden haben. Der sagt, mit ihm habe niemand telefoniert. Dennoch lässt er den Küster das Gemeindehaus aufschließen, wo auch der Kindergarten untergebracht ist. Auf einem Spielstraßenteppich rollen wir unsere Isomatten aus. Bis spät in den Abend lauschen wir, bewacht von zwei Schaukelpferden, dem Kirchenchor bei seinen Proben für die Weihnachtsmesse.

Am Wochenende verwandelt sich die Stadt: Manager werden Väter, Anzugsgrau weicht signalroten Outdoorjacken. Auf dem Weihnachtsmarkt herrscht heitere Bilderbuchatmosphäre wie auf Ali Mitgutschs Wimmelbildern. Auffallend artige Kinder und entspannte Eltern – wohlerzogener Familienfrieden. Wo wir auftauchen, bildet die Menge eine Schneise aus Erschrecken und Ekel. Wir gehen zum Glühweinstand des Lions Club, laut Selbstauskunft »eine weltweite Vereinigung freier Menschen, die in freundschaftlicher Verbundenheit bereit sind, sich den gesellschaftlichen Problemen unserer Zeit zu stellen«. Hinter dem Tresen frösteln zwei Herren. Auf unseren Standardsatz »Wir sind obdachlos, kennen Sie eine Bleibe für uns?« reagiert der eine mit: »Draußen?« Und der andere mit: »Nein!« Eilig klappen sie ihre Metallkasse zu.

An diesem Tag ist das Wappen des Clubs größer als seine Güte. Wahrscheinlich muss ein Zeitungsfotograf zugegen sein, damit diese Relation sich umkehrt.

Wir setzen das Wechselspiel zwischen dem Ort und uns im Reichenbachweg fort, Königsteins teuerster Lage: eine friedhofsstille Sackgasse, in der sich säulengeschmückte Villen hinter Thujahecken verbergen. Regen verschleiert den Blick hinunter nach Frankfurt. Wir kauern unter einer Tanne, unserem Rettungsschirm aus Nadeln.

Das ist jetzt aber mal ein klares Signal an die Märkte. Sollten all die »Bankster«-Beschimpfungen und Bändigt-die-Banken-Schlagzeilen sie beeindruckt haben, wäre nun eine gute Gelegenheit, ein adventliches Ablasspäckchen zu schnüren.

Joggend ziehen junge Paare vorbei, eskortiert von großen Hunden. Wir beobachten Mountainbiker mit Helmen, Schutzbrillen und Prallschutzprotektoren. Wie weiße Ritter aus dem Krieg der Sterne sehen sie aus. Am Wochenende scheinen Schlammspritzer kein Ärgernis für sie zu sein, sondern Sprenkel-Orden, Belege für die fortwährende Veredelung des wertvollen Ichs. Gesprächsfetzen wehen vorbei: »… so was musst du komplett kaufen, sonst hast du immer Ärger mit den Zufahrtsrechten …«

Komisch. In den Nachrichten hört man dauernd von den »verunsicherten Märkten«, von »jubelnden« und »nervösen« Analysten. Ein hypersensibles Volk, das haareraufend Kursstürze verfolgt. Jetzt regt sich in den Gesichtern: nichts. In zweieinhalb Stunden zählen wir 150 Autos. Wieder sind es wuchtige Wagen, Sports Utility Vehicles (SUVs). Sobald sie sich nähern, werden sie langsamer, weil die Insassen einen Blick auf diese beiden Wesen unter der Tanne werfen wollen, als seien sie auf Safari. Dann nehmen sie, Gischt sprühend, Fahrt auf. Das hohe Ross von heute, es ist ein SUV.

Zwei Autos halten an. Aus dem ersten steigt ein Gärtner in Jeans und Stiefeln. In türkischem Hessisch sagt er, ihm sei zum Arbeiten das Wetter zu schlecht – also könne er uns seinen Proviant schenken: Brötchen, Bananen, Kaffee. Später stoppt ein Wagen, der für hiesige Verhältnisse zu klein ist, darin ein Mann, dessen Haare eher zu lang sind. Ein Architekt? Ein Komponist? Ein Psychologe? Er wirkt ehrlich erschüttert, als er uns durch das Seitenfenster fragt: »Hilft euch Geld?« Er reicht uns einen Schein heraus – wieder sind es 20 Euro –, fährt davon, kommt zurück mit einer Tüte Obst und sagt flehend: »Hier hilft euch keiner. Bitte, bitte fahrt nach Frankfurt.«

Am Abend setzen wir uns vor die Einfahrt zum Hotel Falkenstein Kempinski, auf dessen »Skyliner-Terrasse« gleich das Whisky-Dinner beginnen soll. An unseren Knien lehnt ein Pappschild:

OBDACHLOS + SCHWANGER HELFEN SIE UNS?

Wir winken jetzt nicht mehr mit dem Zaunpfahl, sondern mit einem Laternenmast! Wir klingeln auch nicht mehr, sondern machen ein echt »niederschwelliges Angebot«, wie das im Geschäftsdeutsch heißt. Mittlerweile sehnen wir sogar herbei, was wir bislang gefürchtet haben: Sicherheitsleute. Polizeikontrolle. Erklärungsnöte bestenfalls.

Wieder und wieder fahren Autos vor. Die Lichtkegel ihrer Scheinwerfer gleiten über uns hinweg, leuchten uns aus wie auf einer Kleinkunstbühne, ziehen vorüber – und lassen uns im Dunkeln sitzen. Nichts geschieht. Haben wir noch immer nicht genug provoziert – oder zu dick aufgetragen? Fürchten sich seit unserem Auftauchen alle vor einer versteckten Kamera? Haben sie uns durchschaut und sich in Telefonketten gegenseitig vorgewarnt? Oder haben sie hier so viel Hornhaut auf der Seele, dass man sie noch nicht mal ärgern kann?

Seit 2000 Jahren wird diese alte Geschichte erzählt: ein Paar auf Herbergssuche. Nahezu jeder Erwachsene dürfte als Kind im Krippenspiel einmal Maria oder Josef gewesen sein, Hirte, Herbergsvater oder wenigstens ein Schaf. An jedem Weihnachtsfest laufen wir in die Kirche, singen »Wer klopfet an?« oder »Ihr Kinderlein kommet« und seufzen vor Selbstzufriedenheit. Aber was, wenn Maria und Josef mehr sind als Feiertagsfolklore?

Damals, in Bethlehem, lief es auch nicht gerade blendend – und das wäre längst vergessen, wenn ein stinknormales Paar von allen abgewiesen worden wäre. So aber, vom Ende der Geschichte her betrachtet, stehen die Herbergswirte ziemlich übel da.

Wir waren nicht so naiv, zu glauben, dass uns irgendein Vorstandsvorsitzender sein Kingsize-Bett aufschüttelt. Wir wären ein scheinheiliges Paar, wenn wir uns ein einfaches Urteil anmaßen würden über die Tatsache, wieder und wieder abgewiesen worden zu sein. Aber über den Ton, in dem das meistens geschah? Und über dieses verbissene Schweigen?

Dieses Wandlitz des Westens, es kommt ohne Zäune und Schlagbäume aus. Es riegelt sich ab mit Ignoranz. Souveräner kriegt man Abschottung nicht hin. Wie soll das erst werden, wenn die Krise kommt und mit ihr neue Arbeitslosigkeit? Wenn sich die Gerechtigkeitsfrage noch drängender stellt?

Natürlich haben Kronberg und Königstein das Pech, Synonyme zu sein. Wie Sylt und Sankt Moritz. Dabei gibt es nicht nur Millionäre hier, sondern auch Menschen, die in »Geschosswohnungsbauten« leben. Genau jene waren es, die uns am menschlichsten erschienen: eine Bäckerin. Ein Pfarrer. Eine Rezeptionistin. Ein Gärtner. Die Hilfskräfte und Hoflieferanten im deutschen Wolkenkuckucksheim.

Es wird nicht richtig hell am Sonntag, dem zweiten Advent, an dem unser Experiment zu Ende geht, dieser ernst gemeinte Spaß, dieser oberflächliche Undercover-Einsatz. Anders als der wandernde Schriftsteller Holzach wären wir im Taunus nicht verhungert, eher satt erfroren, hätten wir's darauf angelegt.

In Kronberg ruft Glockengeläut zum Gottesdienst. Was der Pastor wohl predigen wird? Wir wandern zum Schlosshotel hinauf, nicht mehr Victorias Witwensitz, sondern »Germany's Leading Resort« in Besitz des Landgrafen und der Prinzen von Hessen. Hier werden Knigge-Kurse für Kinder angeboten. In der Bar hängt ein Originalgemälde William Turners. Und falls ein Gast 700 Euro zahlt, wird ihm in der Royal Suite das Bett von Kaiser Wilhelm II. bezogen. Wir wollen nur einen Kaffee trinken – und bezahlen.

Die Straße zum Hotel hat keinen Bürgersteig. Hier läuft man nicht, hier fährt man vor. Wie ein zerklüfteter grauer Fels steht das Schloss auf dem Golfplatz. Es scheint von innen zu glühen, Kronleuchter strahlen. Heute ist ein besonderer Tag: Ein Kronberger Ehepaar – er ist Manager bei der Rating-Agentur Standard & Poor's – hat zum Charity-Konzert geladen, wie jedes Jahr. Die Söhne und Töchter der Stadt werden Cello spielen, Geige und Klavier. Das Geld geht an erblindete Kinder in Bangladesch.

Es gibt zahllose Charity-Zirkel in Kronberg, aufwendig inszeniert und dokumentiert. Im Internet finden sich Bilder von Vorstandschefs in karger Krankenhauskulisse und Managern mit dunkelhäutigen Babys auf dem Arm. Die Konkurrenz scheint so groß zu sein, dass man schon Mehrfachbetroffenen helfen muss, um überhaupt aufzufallen. Nur Kinder in Bangladesch reichen nicht, sie müssen auch noch blind sein. Indirekte Hilfe wird bevorzugt – also verbunden mit Festlichkeit und Spenden nach möglichst weit weg. Bangladesch, Sri Lanka, Peru. Wer sich in die Nähe wagt, würde sich statt Dankbarkeit womöglich eine Verteilungsdebatte einfangen. So aber bleibt's bei einem schönen Foto mit Riesenscheck.

»Das Tolle an Charity scheint zu sein«, sagt Viola, »dass alle sehen: Man macht Charity.« Heute gibt es dieses gute Gefühl schon zum Eintrittspreis von 35 Euro. Mit Sack und Pack treten wir ein. Im Foyer hilft ein Page den Gästen aus ihren Mänteln. Überall Kellner, mit jedem Schritt auf spiegelndem Marmor um Würde bemüht. In einer Vitrine ein Füller von Faber-Castell für 3200 Euro. Klingen von Gläsern. Freudiges Gemurmel. Viel Haut. Viel Anmut. Viel Schwarz.

Viel Weiß. Und dazwischen plötzlich wir, die Poors, direkt vorm Weihnachtsbaum. Gesichtsmuskeln, auf zig Empfängen auf Contenance trainiert, geraten außer Kontrolle. Getuschel. Gezischel. Endlich einmal trennt uns keine Tür, kein Zaun, keine Windschutzscheibe von den Studienobjekten! Wir suchen nach bekannten Gesichtern, nach den Koppers, Ackermanns und Blessings. Aber dazu bleibt keine Gelegenheit, nach dreißig Sekunden ist der Manager on Duty da, ein junger Mann mit alter Guttenberg-Frisur und tadellosen Türstehermanieren. Mit der Showtreppen-Eleganz eines Entertainers schiebt er uns durch ein schweigendes Spalier ins Freie.

»Das ist wirklich unpassend heute«, sagt er mit hochgezogenen Augenbrauen. »Wir haben hier nämlich eine Wohltätigkeitsveranstaltung.« Draußen im Regen schauen wir uns um. Wie konnten wir das nur vergessen.

Mitarbeit: Amrai Coen und Caterina Lobenstein

Quellenverzeichnis

Deutschland umsonst:
Copyright © 1982 by Hoffmann und Campe Verlag, Hamburg

Die Hoffnungsreisenden:
aus SPIEGEL 16/2011, Seite 34 ff.

Unter Lohndrückern:
aus: Stern 35/2011

Franziska, 7 Euro: Ein Selbstversuch:
© 2012 Residenz Verlag im Niederösterreichischen Pressehaus Druck- u. Verlagsgesellschaft mbH, St. Pölten – Salzburg – Wien

24 Stunden in der Haut eines Zimmermädchens:
Text von Géraldine Levasseur/Marie Claire/StudioX

»Was haben Sie denn da?«:
aus: WELT am SONNTAG, 15.8.2010

Ich höre, wie das Münster aussieht:
aus: Berner Zeitung, 12. April 2012

Maria und Josef im Ghetto des Geldes:
aus: DIE ZEIT, 22.12.2011